當孔子遇上哈佛

首部曲　志業職場

李克明——著

謹以此書的著作出版，紀念　李俊　博士

身體髮膚，受之父母，不敢毀傷，孝之始也。
立身行道，揚名於後世，以顯父母，孝之終也。
夫孝，始於事親，中於事君，終於立身。
《大雅》云：「無念爾祖，聿修厥德。」

——《孝經・開宗明義章第一》

推薦序一

「做人」成功的心性智慧

陳定國

元大創業投資公司董事長李克明博士用四年功夫寫這本《當孔子遇上哈佛》，「首部曲：志業職場」以十八篇文章、十八句名言、引用五十多本著作，從圓融的角度舉出黃石公標榜的「道、神、聖、賢」修練佳途，讀來引人入勝，愛不釋手。二〇一三年的農曆年節假期長達九天，正適合用來咀嚼這本芬芳的道果。

李克明博士畢業於美國哈佛大學（創立於一六三六年）法學院（創立於一八一七年）ＪＤ班與商學院（創立於一九〇八年）ＭＢＡ班，受過嚴格的邏輯科學教育訓練，是不折不扣西方文化的「製造品」。但是他回台灣職場工作之後，因緣際會的跌進了東方儒、道、法、兵、縱橫、釋古老經典文化的湖海裡。孔子生於西元前五五一年、老子約生於西元前五六〇年、管仲約生於西元前七二五年、孫武生於西元前五三五年、釋迦牟尼生於西元前五六五年，這些人都比哈佛大學法學院與商學院早出生很久。時光無接縫使他又成為東方經典的「再加工品」，讓他對世間「人」與「事」有別有心裁的心得。所以這本《當孔子遇上哈佛》的確是一本難得的東西合璧之修業進德寶典，特此鄭重推薦。

我個人於一九六八年到美國學習西方的近代企業管理，在一九七三年獲得密西根大學企管博士學位，回台從事企管教學與實務工作，對中國古典文化一直似懂非懂，見面不相識。直到一九八八年在香港拜見國學大師　南懷瑾先生後，認真研讀南懷瑾先生送我的三十多本他在儒、道、釋方面的嘔心著作後，才翩然覺醒我過去有多愚蠢，竟然把先聖先賢教我們如何「做人」與「做事」的中華寶貴經典文化輕易的置於路旁，無緣面對不相識，天天經過不置一眼。但「亡羊補牢，猶未晚也」，從那時起我也和李克明博士一樣，一頭栽進浩瀚的中華民族文化經典裡，把南懷瑾大師的系列著作一一研讀，醍醐灌頂，如飲瓊漿玉液，心暢體舒，對於我以前所學之行屍走肉式的西方管理知識也注入新靈魂，得以領悟西方資本主義的經營管理，必須有東方中華民族的王道文化來導引及中合，才不會迷失於人類貪婪的紅塵萬丈中。

中華經典文化教我們如何成功的「做人」（謙虛）及「做事」（認真）。南懷瑾老師曾經舉三位歷史名人，說明真正成功的境界，必須會「做人」又會「做事」才行。第一位是北宋民族英雄岳飛，他「做事成功」（打仗百戰百勝），但「做人失敗」（和長官政治關係惡劣），所以被皇帝及奸相冤死。第二位是南宋民族英雄文天祥，他「做人成功」（文狀元散盡家財抗元），但「做事失敗」（每戰必敗），所以被元世祖忽必烈擒拿，寫下〈正氣歌〉，終死於監獄中。只有第三位的唐朝郭子儀，他「做事成功」（勤王每戰必勝），「做人也成功」（戰勝後，馬上辭去兵權以寬皇帝之心），所以他能以「並肩王」之高位，及七子八婿大團圓享受善終知五福。

李克明董事長的這本《當孔子遇上哈佛》就是教我們成功「做人」的心性智慧寶典，詳讀書中所舉眾多常例及典故來源，會讓人憑空增加人生修練功夫好幾段，實在很實惠，既可提高文化水平，又可增加成功機率，更可發揮老祖宗的三不朽功德。使現代的企業創業家及專業經理人，有好的與時俱進知識（即良知），又有好的能力表現（即良能），更有好的道德良心（即良心），這種良知、良能、良心三者兼備的「三良」企業經理人，才是造福廣大社會人群的寶貝。

（本文作者曾任教於台灣大學、政治大學及淡江大學多年，現任中華企業研究院基金會公益董事長）

推薦序二

從經典中汲取經營智慧

司徒達賢

中國有幾千年文化，全世界華人也常以此為傲。文化的內涵表現在許多方面——藝術、文學、飲食、禮俗、家族關係，甚至我們日常的應對行為與處世態度，都可視為文化的一部分。然而除此之外，顯然還有一項極為重要的文化或文化寶藏，就是古籍中的經典。

這些經典是中國古人在本身體驗與觀察別人的生活、生命、功過、成敗以後所累積下來的珍貴心得，內容包括對自身的反省與修練、人與人之間的關係、人與群體的互動、君臣的分際、機構領導人的智慧，以及戰爭的藝術與原則。這些幾乎涵蓋了從修身、齊家一直到治國、平天下所有「應用社會科學」的主要議題。

典籍如此豐富，但我們深入接觸的機會卻不多。許多人對它們的了解似乎只限於中學國文課裡聊備一格的「中國文化基本教材」，以及從小聽到大、偶而也會朗朗上口的成語（例如「不豫則廢」、「當機立斷」、「知所先後」）。這些對我們日常的決策或為人處世的原則頗有指導作用，然而當面對更複雜的決策情境時，依然會感到不足。西方的管理理論，尤其在策略、組織、領導等方面的重要學理，的確也為我們提供了許多極有價值的思考角度，但我們對西方的歷史、文學、宗教、生活態度等，畢竟難稱熟稔，因此對這些經典背後更深層的文化底蘊肯定更感隔閡，於是從中國古籍經典中找尋能夠深化我們人生思想的素材，可能邊際效果更高。

然而古籍經典浩瀚，明知其中有寶，卻往往不知從何著手。這本《當孔子遇上哈佛》恰好為我們提供了此一吸收學習的管道。拜讀之後，發現這本書不僅體系相當完整，讓讀者可以從不同的主題略窺各種古籍經典對此一主題的看法；而且發現其內容與現代的管理哲學也似乎緊密呼應。例如對君主或對軍事將領的領導行為，經典中所建議的幾乎與現代管理學的主張若合符節；又如傳統的經營策略強調的是「為顧客創造價值」，競爭策略談的是競爭者之間的攻防或欺敵，而在中國古籍經典中早已用「奇正相生」的道理來整合雙方的論述。

又如兵書中的「以寡擊眾」，相當於現代企業在策略上聚焦於特定的目標市場，或集中資源於獨特的價值活動，也就是設法在一片紅海中尋找或創造有利我方的戰場。現代策略管理十分重視「時機」，而這些古籍經典中對「機」的著墨甚多，主張在軍事行動上，不宜冒進，而應等待時機，等到形勢的變化有利於我方時再採取行動。而經典比現代學理談得更多的是：在等待時機的過程中，除了耐心等待之外，還可以採取一些作法來製造對方的「亂」，並在亂的過程中為自己創造更多行動機會。這類戰術，其實在實務上也常出現，但古籍在千年以前早已詳細介紹了。

此外，經典中對「王道與霸道」的區別、「好戰必亡，忘戰必危」的提醒、在「征服」之後「凝聚整合」的重要、成就功業的心性智慧，以及在言辭、行動與領導方面「迂迴」的藝術等，本書中都有極為精彩的說明。古籍中的這些建議，當然不是顛撲不破的真理，更不是經營管理或制定策略時的SOP，但來自千年以前古人的殷切叮嚀，總能讓我們想得更深，考慮得更周詳。

本書作者李克明董事長學貫中西，是美國哈佛大學法律學博士（JD）和企管碩士（MBA），在國外及台灣都有豐富的實務經驗，近年來大力推廣經典的研讀，並曾在海峽兩岸針對經典與人生的議題，舉辦數十場專題演講，十分有貢獻。以他的學經歷以及事業成就來解讀詮釋這些經典，或許和純粹學者之講解經典有所不同。李董事長雖然自謙認為本書是「述而不作」，但事實上在這些議題的選擇、編排、舉例以及解讀中，已大量包括了他自己的人生智慧在內。

這本書需要仔細精讀，並和自己人生中所曾遭遇的疑問相互對照才能有所啟發。相信希望對自身思想能有所深化的讀者們，可以從本書中受益良多。

（本文作者為國立政治大學講座教授）

自序

孔子vs哈佛

年輕時負笈哈佛大學讀商、學法，受到正統哈佛教育的嚴格訓練，我是一個由內到外以哈佛企管和法律專業邏輯思考、做事的人。

二〇〇五年春，因緣際會重新回到少年時涉獵過的經典之中，一頭栽進包括儒、道、法、兵、縱橫、釋（特別是禪宗）各家在內的古籍，遨遊在廣義的儒家思想之中。

以哈佛灌輸給我的思考邏輯細讀中國經典，驗證內涵，領悟真義，正是——孔老夫子遇上了哈佛，故取之以為書名。

寫書動機

孔子遇上哈佛，其結果和少年求學時學習中華文化基本教材迥然不同！不僅在人生道路上已經累積了相當里程，在人生考場上也經歷了無數大考、小考的我，再讀道、神、聖、賢傳世經典，就好像看到一張生命大地圖、讀到一本人生處世解題大全；而以哈佛的思考邏輯檢驗經典的內涵，竟然發現：原來，要成功地應付人生的各項挑戰，要擁有精彩人生，苦思不得的方向、道路、方法和解答，竟然全都已經寫在被我們長期忽略、束之高閣的經典之中了。

好東西要與人分享。在我過去幾年公開分享經典心性智慧的場合中，最常被問到的問題就是：「經典看來真的很有用，能推薦一本入門的經典嗎？」可惜的是，每本經典都非常精彩，但切入點和重點各有不同，可謂各擅勝場，要選出其中一本做為學習經典的入門讀物，卻可真是不大可能！

針對這個需求，寫書的念頭因此而生：以議題分篇的方式，從百部經典中，把咱們老祖宗對特定重大議題的立場和論述集成一篇，讓現代人由閱讀書中議題，就學到了道、神、聖、賢傳世經典中對那個議題的所有相關論述，豈不美哉！

寫書的念頭，與我想在人生中做真正有意義、有價值的事息息相關——對在人生還沒有重大成就的我而言，寫一本廣傳道、神、聖、賢心性智慧，能幫助千千萬萬讀者好好做「人」、進而得到順遂圓滿人生的書，雖然艱難，卻是值得努力的目標！

這是本什麼書？

沒有文史的專業訓練，我寫的這本書不是學術作品，也不談考據訓詁，只是一本幫助讀者輕鬆扮演好「人」這個角色的生活、生命工具書。

這本書效法孔老夫子「述而不作」的精神，不另立理論，只匯整三千年道、神、聖、賢在人生重要議題上的心性智慧，以繼往開來，薪火相傳，做為有志者實踐順遂人生的參考書。

經典不僅內涵發人深省，文字詞藻更是優美，這本書廣泛引用經典名言佳句，可充當品嚐文言文之美的休閒書。

遇到人生難題、面對艱難挑戰，可以在其中找到解決問題的答案，這本書是立命安身的錦囊，生死關頭的救命書。

最後，這本書對當代特定人、事的批判不多，理由有二：一則不希望這本書成為橫跨區區的斷代史。二則書中道、神、聖、賢教誨，有如明鏡高懸，任何人的所作所為只要與它並列對比，是非立判，原形畢露，妖魔鬼怪小丑頓顯，又何需本書再為指指點點？

章節內容鋪排

在人人忙著拚經濟、數鈔票、為生活奮鬥的今世工商業社會中，要說服人們去親近經典，學習和實踐經典的內涵，必先讓大家相信道、神、聖、賢的心性智慧可以幫助他們在競爭激烈的職場中做得更好、得到成功！這本書的內容就是要讓大家在學習了經典心性智慧之後，可以立刻把它們用出來，見到效果！

本書由「聖貴在功」開始，開宗明義地揭櫫：成功是為了兼善天下；而「義兵無偃」，兵事雖凶，但在為民福祉的前提下，以戰止戰是必要的；「王霸在遇」讓人知道王、霸雷同之處甚多，成王成霸其實取決於時機；更警惕世人要「為學知兵」，過慣太平日子、養尊處優而不學兵的人，禍患不遠矣！

為了要以戰止戰，得到戰果，接下來的篇幅涵蓋了「奇正相生」、「避實擊虛」、「以寡擊眾」、「不豫則廢」、「待敵可勝」、「當機立斷」、「迂迴至要」這些常常用在作戰，卻也可以應用在人生其他面向的兵學觀念。而虛實在人生中還有兵學之外的涵義，故把「虛實難分」和「實腹虛心」也並列闡述。

人要完成豐功偉業，必得有藍海策略，本書在隨後章節中，闡述了「知所先後」、「正名定分」、「素位而行」、「取法乎上」、「合宜得當」、「常行不休」和「抱道待時」多項經典智慧；這些智慧常被當今世人嗤之以鼻，其實卻是真正高明的智慧。

為了閱讀流暢，本書把白話正文和引用的經典文言原文在同一頁上分開並列；正文中所闡述道、神、聖、賢的心性智慧固然讓人受用無窮，經典原文更值得多多細嚼、回味、甚至選擇性地背下記誦。同一經典的不同版本，文字容有少許出入，標點符號則出入甚多，若書中所引經典原文的用字和標點符號與讀者所用版本不同，敬祈見諒。

感謝與期許

以這本書紀念　先父李俊博士（一九一九～二〇一〇），顯揚其名，以盡大孝。感謝　明師一指，讓我在知命之年後，得聞大道，領悟經典真義，找到自己的天命。感謝母親、妻子、女兒容忍我公餘忙著治學、讀書、寫書，對她們照顧不周，有虧為子、為夫、為父的職責。

感謝元大集團馬總裁、杜董事長、和元大金控顏董事長，承他們不棄，給了我份工作，讓我衣食無虞，生活安定，可以在公餘抽空寫作。感謝學習經典的同道，傾聽我的瘋狂點子，試閱我的隻言片語，提供我寶貴的意見。更感謝遠流出版公司淑正編輯女史和她的同仁們，在我出書的志業上給了臨門一腳的助力。

感謝道、神、聖、賢，容許我借用他們的心性智慧，引他們的文字章句，寫出這本書，相信我這後代的學生，沒有辜負他們的期望和加持！

由二〇〇八年初步構思，到二〇一二年完成初稿，利用公餘寫作，有時一星期寫不到十小時，花了四年時間，總算完成了這第一本十八篇。個人才疏學淺，雖然已盡心盡力，錯誤仍是在所難免，還請讀者多予包涵指正。

會繼續努力，讓後續的九十篇早日付梓。

李克明　于 台北 德潤居

癸巳 正月

目錄

第一篇

聖貴在功

為了兼善天下，我們應該追求成功！

聖者最可貴的，就在成就了事功。

但什麼是成功？又要怎樣追求成功？

不同選擇、不同做法，成王敗寇，結局大不同！

道、神、聖、賢的心性智慧，行動為上，成功為旨，只要循著經典的教誨前行，我們一定會成功！

世人論英雄，成敗大不同

俗話說：「成者為王，敗者為寇。」世人多以成敗論英雄，創建偉大功業的國君鮮有人認為他不肖，而亡國之君也聽不到有人說他賢明。❶

中國歷史上，許多功業顯赫的國君，未必合乎道、神、聖、賢經典所稱的聖明，《呂氏春秋》就舉了三個例子：越王句踐以詐偽消滅了吳王夫差，楚文王以詭術吞併了息、蔡兩國，趙襄子以陰謀滅掉代國。

這三名國君，各以各的方式得到自己所要的結果，並不完全遵照人情常理，但後世仍然稱頌他們，這全是因為他們有所成就，建立了事功。❷

《呂氏春秋》接著講的結論，該是最重要的了：

任何人如果能建立類似的事功又不失道義，也就可以做到王天下了！❸

可見，建立事功是王天下的必要條件！

【典籍出處】

❶ 故人主有大功，不聞不肖，亡國之主不聞賢。《呂氏春秋・長攻》

❷ 此三君者，其有所自而得之。不備遵理，然而後世稱之，有功故也。《呂氏春秋・長攻》

❸ 有功於此而無其失，雖王可也。《呂氏春秋・長攻》

魅力是放大了尺度、對群眾的誘惑；有魅力的人讓群眾愛上他們，然後跟著他們走。❹

而「說要做什麼就能成功做到」的人格特質，正是魅力的構成要件之一。具有如此特質的人，展現出所言必行、所行必成的魄力、信心和能力；當他再說要成就什麼功業時，即使群眾並不清楚他的計畫，不知道他要怎麼做、要花多久時間才能完成，卻都會相信他一定能達成目的，願意毫不猶豫地追隨他、加入他。這就是他吸引群眾的魅力。❺

「使命必達，說到做到」的魅力構成要件，若沒有過往成功的紀錄可稽，很難散發出吸引群眾、令人信服的魅力。

唯成功，才能兼善天下

講到人該不該追求勝利，該不該追求名聲，明末清初《潛書》的作者唐甄點出其中關鍵：如果有人能以道心戰勝私慾，那惟恐他不追求勝利；如果有人能以德行建立名聲，那惟恐他不追求名聲！追求成功是否值得鼓勵，全看追求成功的目的何在罷了！❻

❹ Charisma is seduction on a mass level. Charismatics make crowds of people fall in love with them, then lead them along. —— *The Art of Seduction*

❺ Purpose. If people believe you have a plan, that you know where you are going, they will follow you instinctively. —— *The Art of Seduction*

❻ 誠能以道自勝，惟恐其不求勝也；誠能以德成名，惟恐其不求名也。《潛書・上篇下・格定》

所有生物中最可貴的就是人，人身上最可貴的就是心，心最可貴的就是成聖，聖者最可貴的就是成就了事功。❼

的確，聖貴莫如功，道、神、聖、賢經典都是強調成就事功的。儒家思想主張：一個士人在不得志時，至少要做到獨善其身；而一旦得志，就一定要施展抱負，兼善天下。❽

讀書人、知識份子的可貴之處，在於他們讀了聖賢書，學得經國濟世、平定亂局、除暴安良的好本領。如果讀書人、知識份子不談建立功業，只以一身的平安順遂為滿足，那和沒見識、沒能力的匹夫匹婦又有什麼不同呢？❾

心懷大志，一心想兼善天下的人，若是沒有達到心願，是死而有憾的！❿

想要兼善天下，就必須先成就功業！

行動爲上，成功爲旨

道、神、聖、賢傳世的經典中，記載了後代子孫應該學習和實踐的各項做人處世心性智慧。但學習只是第一步，重點在於學到之

❼ 唐子曰：生貴莫如人，人貴莫如心，心貴莫如聖，聖貴莫如功。《潛書・上篇下・有為》

❽ 得志與民由之；不得志獨行其道。《孟子・滕文公下》

❾ 儒之為貴者，能定亂，除暴，安百姓也。若儒者不言功，……但取自完，何以異於匹夫匹婦乎？《潛書・上篇上・辨儒》

❿ 子曰：「君子疾沒世而名不稱焉。」《論語・衛靈公篇》

後的身體力行。

學習道、神、聖、賢的心性智慧，如果只求知道、瞭解，卻沒有在生活中實踐，還不如不知道，重要的還是實踐學到的東西。⑪

《大學》這本教人如何學做大人、做有道德之人的書，以「三綱領」教人首先要領悟靈明的本性，接下來要推己及人、己立立人、己度度人，最後達到至善的境界。⑫

又以「八條目」——格、致、誠、正、修、齊、治、平八個項目——闡明一個人由獨善其身到兼善天下的進階途徑，而歷經這些項目階段，是有其最終目標的。

唐甄以《詩經》的心性智慧為例說明：行為的戰戰兢兢不是目的，之所以如臨深淵，如履薄冰，目的在於平安順利過河。「戰戰兢兢，如臨深淵，如履薄冰」只是手段，「過河」才是目的；同理，學道、神、聖、賢的心性智慧只是手段，兼善天下、經世濟民才是目的。⑬

因此，嚮往道、神、聖、賢心性智慧，學習經典的人，別忘了心懷「致遠、犯難」；要知道：言行如曾參夫子，卻不具備勇士孟賁渡河勇氣的人，其實離聖人的誠敬還遠得很呢！⑭

⑪ 徒知，不如不知，貴能為之。《潛書・上篇下・格定》

⑫ 大學之道，在明明德，在親民，在止於至善。《大學・經一章》

⑬ 詩曰：「戰戰兢兢，如臨深淵，如履薄冰。」非徒慎也，將以求涉濟也。《潛書・上篇上・敬修》

⑭ 吾聞之：習心太約者，不可以致遠，習身太謹者，不可以犯難。有言行如曾子而涉濟不如孟賁者，其去聖人之敬也遠矣。《潛書・上篇上・敬修》

要立下大志，許下大願，不怕困難，勇往直前，運用道、神、聖、賢的心性智慧去建立兼善天下、經世濟民的偉大事功——這才是讀經典、學習經典的終極目標！

立大志，選正途，建事功

一個立下大志向的人，縱使最後未能竟其全功，沒有百分之百完成志向，也應該已經對社會造成了正面的影響。

所以，不論最後是不是得以克竟全功，老祖宗鼓勵我們「取法於上」。⑮

像春秋戰國時代的孔老夫子和墨子，前者推動儒家思想，後者推動墨家思想，都希望自己的主張遍行於天下，雖然他們都沒有達到終極目標，但是兩家思想在當時都成為顯學，已足以讓孔老夫子和墨子青史留名，成為創立學派的一代宗師。孔老夫子更在漢武帝獨尊儒術後獨領風騷，成為中國人最尊崇的萬世師表至聖先師。⑯

《夏書》說：「天子的功德，廣大不止，神奇無比，文武兼備。」所以務必追求事功；欲追求事功，則務必追求大事功。⑰

⑮ 取法於上，僅得為中，取法於中，故為其下。《帝範・卷四》

⑯ 孔丘、墨翟欲行大道於世而不成，既足以成顯名矣。夫大義之不成，既有成矣已。《呂氏春秋・喻大》

⑰《夏書》曰：「天子之德廣運，乃神，乃武乃文。」故務在事，事在大。《呂氏春秋・喻大》

做人，心要虛小，志向要廣大，智慧要圓通，行為要方正，才能要多元，涉事要簡少。志向廣大，就能兼容萬國，異中求同，讓是非對錯的不同面向同歸於中間的一處；志向廣大的人可以把任何事物都容納在胸懷中。[18]

志向立得大，只要努力去做，即使最後沒有達到原先設定的高遠目標，所取得的成就也一定相當可觀。志向若是立得不夠大，絕對無法成就偉大事功！

成就事功必經的三境界

清末民初的國學大師王國維在《人間詞話》中借用晏殊〈蝶戀花〉、柳永〈鳳棲梧〉和辛棄疾〈青玉案〉的字句，生動勾勒出任何人成就事功必經的三個境界：

古今之成大事業、大學問者，必經過三種之境界：「昨夜西風凋碧樹。獨上高樓，望盡天涯路。」此第一境也。「衣帶漸寬終不悔，為伊消得人憔悴。」此第二境也。「眾裡尋他千百

[18] 老子曰：凡人之道，心欲小，志欲大，智欲圓，行欲方，能欲多，事欲少。……志欲大者，兼包萬國，一齊殊俗，是非輻輳，中為之轂也。……志大者，無不懷也……。《文子‧微明》

度，驀然回首，那人卻在，燈火闌珊處。」此第三境也。此等語皆非大詞人不能道。然遽以此意解釋諸詞，恐為晏歐諸公所不許也。

所有成功過、曾站上頂峰的人，都經歷過這三種境界：由死心塌地痛下決心，到無怨無悔孤獨努力，再到突然醒悟原來如此。而所有想要成功、想爬上頂峰的人，也都要有面對這三種境界的考驗和衝擊的心理準備！

循著經典的教誨向前行

沒有人不想擁有成功的人生，但什麼是成功？又要怎樣追求成功？則是眾說紛紜，沒有一定的法則。追求成功的道路，並非「條條大路通羅馬」，成王敗寇，天堂地獄，不同選擇、不同做法，結局就大不相同！

道、神、聖、賢的經典不只告訴我們人應該追求成功，以便兼善天下，更教導我們：如何設訂成功的目標？怎樣以正確的心態追求成功？得到了成功要如何自處？不能成功又應如何自處？有福份的人，那少數的幸運兒，有機緣得到經典的指引，藉學習活用道、神、聖、賢心性智慧，能在選擇的領域中闖出輝煌的局面，獲得成功。

而多數盲目追求成功的人，卻沒有這樣的幸運，他們不是走上一條不會成功的路，屢戰屢敗，就是踏向了似是而非的成功之路——只得到曇花一現的成功幻影，甚至因此付出身敗業毀的代價！這些追求成功時選錯了目標、用錯了方法，最終悔恨不已的人，如果知道道、神、聖、賢的經典能夠幫助他們成功，若能重頭來過，絕對會有不同的選擇！

經典闡述指引的邁向成功之路，不只是條正路，而且順應人情，不與眾人之志相違，所以循此而行，所追求的目標就容易達成，成功便不難到手！[19]而最美、最棒的是：這由走正路所得到的成功，是讓我們能心安身安，子孝孫賢，安享成功果實的成功！

本書理出三千年道、神、聖、賢對人生重要議題的立場，做為當今世人迎接人生挑戰的考古真題。每一題都會啟發我們，幫助我

[19] 君子不拂人情、不逆眾志，是以所謀易就，以有成功。《潛書・下篇上・善遊》

們走向成功、達到成功！

因為追求成功的目的不在擴張私利、提升個人享受，而是要兼善天下，因此我們可以理直氣壯地說：「我們應該追求成功！」更要有信心地說：「循著經典的教誨向前行，我們一定能夠成功！」

第二篇

義兵無偃

國雖大，好戰必亡。天下雖安，忘戰必危。

以戰止戰，以其人之道還治其身，可以這麼做嗎？

戰爭是不得已才使用的手段，

若以仁為出發點，以義治國，

用戰爭制止戰爭是可以的。

日常生活中也一樣，要做低眉菩薩或怒目金剛，

端視你所面對的是怎樣的人而定。

兵，非常態事也！

戰爭中的手段與日常生活的行為不同，甚至正好相反。作戰時，能要裝做不能，用要裝做不用，往近處要裝做往遠處，往遠處要裝做往近處。以小利誘惑敵人，使他混亂再乘亂攻取。敵人實力堅強沒有弱點就防備他，敵人強大就避開他，敵人忿怒求戰就屈撓以等他懈怠，卑辭示弱使他驕傲，敵人安逸整休時要疲憊他，敵人親愛團結就離間他。在敵人沒想到的時候展開攻擊，對準敵人沒有防備的地方進攻。這些兵家打勝仗的道理，千變萬化，必須靈活運用，沒辦法事先傳授，《孫子兵法》統稱其為「詭道」。❶

最早的用兵打仗，觀念做法是這樣的：

用兵作戰，不攻打沒有過錯的城市，不殺害無罪的人民。殺害別人的父兄，奪取別人的財貨，臣妾別人的子女，都是強盜的行為。❷

所以，用兵是為了除暴、止亂、禁止不義的行為。軍隊所到之處，農夫繼續在田裡耕作，商賈照常在市肆中做生意，士大夫仍在

【典籍出處】

❶ 兵者，詭道也。故能而示之不能，用而示之不用，近而示之遠，遠而示之近。利而誘之，亂而取之，實而備之，強而避之，怒而撓之，卑而驕之，佚而勞之，親而離之。攻其不備，出其不意。此兵家之勝，不可先傳也。《孫子兵法・始計第一》

❷ 凡兵不攻無過之城，不殺無罪之人。夫殺人之父兄，利人之財貨，臣妾人之子女，此皆盜也。《尉繚子・武議第八》

官府辦公。用兵打仗全由於一人的用兵政策，所以用兵不需殺人，而天下人遠近悅來。❸

相較於當今世人對用兵打仗所持的觀念，還真是大不相同！

兵，其類有別，不祥之凶事

興兵作戰，看來都是一樣，卻各有不同的目的，也得到不同的名稱。

老子在與文子計然對談時，把用兵分為五種：一、誅暴救弱的義兵，二、敵人來攻不得已而用之的應兵，三、為小事意氣相爭出口氣的忿兵，四、貪圖土地、奪人財貨的貪兵，以及五、仗恃國家土地廣大、人口眾多，要敵國臣服的驕兵。❹

分類的內涵雖稍有不同，吳起也把興兵作戰分為五種：一、禁暴救亂的義兵，二、恃眾以伐的強兵，三、因怒興師的剛兵，四、棄禮貪利的暴兵，以及五、國亂、人疲、舉事動眾的逆兵。❺

可見，軍隊可以為不同的目的而使用，而由老子和吳起的說明看，不同目的內涵的用兵，還會帶來迴然不同的結果。

❸ 故兵者所以誅亂禁不義也。兵之所加者，農不離其田業，賈不離其肆宅，士大夫不離其官府，由其武議在於一人，故兵不血刃，而天下親焉。《尉繚子・武議第八》

❹ 用兵有五：有義兵，有應兵，有忿兵，有貪兵，有驕兵。誅暴救弱謂之義，敵來加己不得已而用之謂之應，爭小故不勝其心謂之忿，利人土地，欲人財貨謂之貪，恃其國家之大，矜其人民之眾，欲見賢於敵國者謂之驕。義兵王，應兵勝，忿兵敗，貪兵死，驕兵滅，此天道也。《文子・道德》

❺ 吳子曰：「凡兵之所起者有五：一曰爭名，二曰爭利，三曰積惡，四曰內亂，五曰因饑。其名又有五：一曰義兵，二曰強兵，三曰剛兵，四曰暴兵，五曰逆兵。禁暴救亂曰義，恃眾以伐曰強，因怒興師曰剛，棄禮貪利曰暴，國亂人疲舉事動眾曰逆。五者之數各有其道：義必以禮服，強必以謙服，剛必以辭服，暴必以詐服，逆必以權服。」《吳子・圖國第一》

用兵在中國歷史上一向被視為不祥的凶事，這在被視為中國兵學理論起源的《道德經》中就講得非常清楚。

以道輔佐國君治國的人，不會用武力雄霸天下。因為戰爭往往是有報應的。軍隊所到之處會成為廢墟，荊棘雜草叢生；戰爭之後，農耕破壞，一定會有饑荒凶年隨之而來。❻

善於以道輔佐國君治國的人，自會得到為國為民的成果，而不敢以武力爭強。他們有了成果，卻不自以為了不起，不自誇功勞，不會因此驕恣，即使使用武力也是不得已而為之，所以不會視此成果為強大。武力強大很快會讓國家衰敗，因為好強是不合自然之道的，不合自然之道者，很快就會衰亡。❼

精銳的兵器和軍隊都是不祥之物，萬物似乎都厭惡它，所以有道之士都不依靠它。君子日常生活中以左為尊，但用兵時卻以右為尊。兵器和軍隊都是不祥的東西，這原不是君子想用的，不得已而使用，也要輔以恬淡無欲的心情。❽

戰勝了，也不以為美好；若以戰勝為美好，就是喜好殺人。喜好殺人的人，是不可能完成平治天下大志的。吉慶的事以左為尊貴，喪葬凶事以右為尊貴；軍隊中，偏將軍居左，上將軍居右，即

❻ 以道佐人主者，不以兵強天下。其事好還。師之所處，荊棘生焉。大軍之後，必有凶年。《道德經・第三十章》

❼ 善者果而已，不敢以取強。果而勿矜，果而勿伐，果而勿驕，果而不得已，果而勿強。物壯則老，是謂不道，不道早已。《道德經・第三十章》

❽ 夫佳兵者，不祥之器，物或惡之，故有道者不處。君子居則貴左，用兵則貴右。兵者不祥之器，非君子之器，不得已而用之，恬淡為上。《道德經・第三十一章》

是以喪禮看待軍事。殺人眾多的戰爭，應以悲悽的心情為它哀傷，戰勝也要以喪禮的態度對待。❾

吳起呼應老子的說法，認為戰勝敵人容易，保有勝果難。所以，天下作戰的各國，戰勝五次的，必有災禍來臨；戰勝四次的，必是疲敝不堪；戰勝三次的，可以稱霸；戰勝兩次的，可以稱王；反而是不得已用兵，只戰勝了一次的，卻可以稱帝。所以，屢戰屢勝而能得天下的少之又少，因此而亡國的卻多不可數！❿

打仗真是凶事！即使百戰百勝，仗打多了，也會災禍臨頭！所以切記：要少打仗！

越俎代庖反傷己

對身涉兵事的人，道、神、聖、賢更是耳提面命，給了許多警惕告誡。

真正永恆地掌有司殺大權者，像是老天爺，才能殺人。越俎代庖去殺人的人，就像替大匠砍東西一樣，而替大匠砍東西的人，很少有人能躲過災禍，不傷到自己的手！⓫

❾ 勝而不美，而美之者，是樂殺人。夫樂殺人者，不可得志於天下矣。吉事尚左，凶事尚右。偏將軍居左，上將軍居右，言以喪禮處之。殺人眾多，以悲哀泣之，戰勝則以喪禮處之。《道德經・第三十一章》

❿ 然戰勝易，守勝難。故曰，天下戰國，五勝者禍，四勝者弊，三勝者霸，二勝者王，一勝者帝。是以數勝得天下者稀，以亡者眾。《吳子・圖國第一》

⓫ 常有司殺者，殺。夫代司殺者殺，是謂代大匠斲，夫代大匠斲者，希有不傷其手矣。《道德經・第七十四章》

司殺是老天爺的權力，領兵的將帥代天殺人，豈有不傷到自己手腳的？豈有不為自己帶來災禍的？領兵將帥不能不懂得這個道理！

同樣的道理，《史記》講「夫為將三世者必敗」，王翦、王賁、王離三世為秦將，殺伐既多，後代因此有不祥的結果。

秦末，「秦失其鹿，天下逐之」的時代，秦國用王翦的孫子王離率兵擊趙，把趙王和張耳包圍在鉅鹿城。有人預測：「王離是秦國名將，率領強大的秦兵攻打新起的趙國，一定成功！」另有人卻說：「不然。三代都領兵為將的一定會吃敗仗。為什麼呢？因為在戰場攻伐殺人多了，後代不祥，而至今王離已經是第三代為將了。」結果，王離果然戰敗被俘。⓬

相反的例子是東漢的耿弇。

《後漢書》記載耿弇輔佐漢光武中興漢室，用兵重謀，戰功顯著，取四十六郡、三百餘城，卻能安享功名，何嘗不是因為他深知「三世為將，道家所忌」的道理，在克拔全齊之後就不再征戰，因此可以免除災禍！⓭

⓬秦二世之時，王翦及其子賁皆已死，而又滅蒙氏。陳勝之反秦，秦使王翦之孫王離擊趙，圍趙王及張耳鉅鹿城。或曰：「王離，秦之名將也。今將彊秦之兵，攻新造之趙，舉之必矣。」客曰：「不然。夫為將三世者必敗。必敗者何也？必其所殺伐多矣，其後受其不祥。今王離已三世將矣。」居無何，項羽救趙，擊秦軍，果虜王離，王離軍遂降諸侯。《史記・白起王翦列傳》

⓭論曰：淮陰廷論項王，審料成勢，則知高祖之廟勝矣。耿弇決策河北，定計南陽，亦見光武之業成矣。然弇自克拔全齊，而無復尺寸功。夫豈不懷？將時之度數，不足以相容乎？三世為將，道家所忌，而耿氏累葉以功名自終。將其用兵欲以殺止殺乎？何其獨能隆也！《後漢書・耿弇列傳》

好戰必亡，忘戰必危

戰爭是不得已而為之的手段。不可以因為國家土地廣大、人口眾多，就盡出精銳之師進行征伐；戰爭不休，國家最後一定會敗亡，到時將悔恨莫及。軍隊就像火，如果不把兵器收藏，這把火終會燒到自己；黷武窮兵，災禍馬上就會降臨。所以兵法說：國雖大，好戰必亡。⓮

平安的時候不忘可能的危險，太平的時候不忘可能的動亂，這是聖人常深深勸誡的。天下雖然無事，不可以荒廢軍隊武力，擔心的是一旦有事，沒有能力防備抵禦。必須內修文德，外嚴武備，懷柔遠人，防備意料之外的事。一年四季定時四時講武之禮，是用來表示國家沒有忘掉作戰。不忘戰，就是要教導人民不放棄學習兵事。所以兵法說：天下雖安，忘戰必危。⓯

家中如果沒有家長的鞭責，僮僕稚童就會立刻犯下各種過錯；國家沒有刑罰，老百姓忤逆互相侵犯的事馬上就會出現；天下沒有天子的征誅討伐，諸侯間相互侵犯的事就會立刻發生。所以家中的鞭責不可無，國家的刑罰不可無，天下的征誅討伐也不可無；只是

⓮ 夫兵者，凶器也；戰者，逆德也。實不獲已而用之。不可以國之大、民之眾，盡銳征伐。爭戰不止，終致敗亡，悔無所追。然兵猶火也，弗戢，將有自焚之患；黷武窮兵，禍不旋踵。法曰：「國雖大，好戰必亡。」《百戰奇略・好戰第九十九》

⓯ 凡安不忘危，治不忘亂，聖人之深誡也。天下無事，不可廢武，慮有弗庭，無以捍禦。必須內修文德，外嚴武備，懷柔遠人，戒不虞也。四時講武之禮，所以示國不忘戰。不忘戰者，教民不離乎習兵也。法曰：「天下雖安，忘戰必危。」《百戰奇略・忘戰第一百》

在使用武力發動戰爭這件事上，有高明和笨拙的分別而已。⑯

讓我們牢牢記住：正是因為上述理由，所以古代的聖王主張義兵——正義的戰爭——卻從來沒有說過要解甲卸兵、廢止戰爭！⑰

以戰止戰須師出有名

《武經七書》之一的《尉繚子》對兵者有相當中肯的說明。

兵器軍隊是凶險的器具，戰爭是違逆道德的事。戰爭一事的存在，必有它的根本，所以古代的國君用兵討伐暴虐，是以仁義為出發點。當今的國家用兵，或為建立國威，或為抵抗侵略，或為互圖吞併；正是為了弔民伐罪，救亡圖存，所以還是不能廢除軍隊和用兵啊！⑱

古代的國君，以仁施政，以義治國。當正常的手段行不通，就該使用權變的手段；中人的斡旋不成，只能使用戰爭的權變手段。所以殺了違法亂紀的人，使好人得到安全，殺人是可以的；攻打一個國家，拯救她的人民，攻伐是可以的；用戰爭制止戰爭，雖用戰爭，也是可以的。⑲

⑯ 家無怒笞，則豎子嬰兒之有過也立見；國無刑罰，則百姓之相侵也立見；天下無誅伐，則諸侯之相暴也立見。故怒笞不可偃於家，刑罰不可偃於國，誅伐不可偃於天下，有巧有拙而已矣。《呂氏春秋・蕩兵》

⑰ 故古之聖王有義兵而無有偃兵。《呂氏春秋・蕩兵》

⑱ 兵者，凶器也。爭者，逆德也。事必有本，故王者伐暴亂，本仁義焉。戰國則以立威，抗敵，相圖，不能廢兵也。《尉繚子・兵令上第二十三》

⑲ 古者，以仁為本、以義治之之謂正。正不獲意，則權；權出於戰，不出於中人。是故殺人安人，殺之可也；攻其國，愛其民，攻之可也；以戰止戰，雖戰可也。《司馬法・仁本第一》

這就是幾千年來中國人興兵、攻伐、殺人的原則，也就是「義兵」的原則。

可嘆的是，雖然古代用兵打仗是以保全人民為目的，不是以殺害人民為目的；但後代用兵打仗卻都是為了殺害人民，而不是為了保全人民。[20]

奇的是，唐甄《潛書》於三百多年前的感嘆，放在當下，竟完全貼切適用！古今中外興兵打仗、發動戰爭，未必堅守中國經典和兵學所述的原則，而二次世界大戰以後所爆發的區域性軍事衝突，更是不符合中國經典和兵學的教誨。興兵作戰，若非義兵，則必定後患無窮！人類戒之！

常做低眉菩薩，偶為怒目金剛

「義兵無偃」的觀念，可以類推運用到生活中的其他方面，幫助我們為許多相關問題找到答案。

在初學經典的過程中，常想到一個問題：對一切遇到的人，真的都要以「仁心」、「愛心」和「低眉菩薩」的態度面對嗎？什麼

[20] 古之用兵者，皆以生民，非以殺民。後之用兵者，皆以殺民，非以生民。《潛書・下篇下・仁師》

時候才可以用「怒目金剛」的方式處理呢？「義兵無偃」的觀念讓我們瞭解：與人相處，不可能完全沒有怒目金剛，而全是低眉菩薩；而究竟要以低眉菩薩還是怒目金剛的態度應對他人，全由你所面對的是怎樣的人來決定。

無心之錯是過，有心之錯是惡，積過成惡，仗恃為惡。面對一般人，甚至那些有過的人，我們都可以、也應該做低眉菩薩；只有在遇上惡人時，且是要在給了他「回頭是岸」、「放下屠刀，立地成佛」的機會後，卻仍然執迷不悟，讓我們別無他途才以怒目金剛的態度對待他。就像為了弔民伐罪，義兵不得不發，只有使用怒目金剛的霹靂手段了！[21]

西風東漸，許多人直覺上討厭某些乍看之下最好廢止的事，如死刑的判決和執行、中小學生的體罰或退學、當兵在大熱天下出操、當兵做為國民的義務等等，都在缺乏長遠周詳的考慮下，而做出廢止或傾向廢止的決定。

如果多瞭解「義兵無偃」的意義，我們會醒悟：當今社會對這些事的討論和決定真是太草率、太短視、太不合理、也太愚蠢了！

[21] 元君曰：無心者謂之過，有心者謂之惡。過出於不自知，惡成於有所恃。所以有過，許其自新，懺悔之條自在。為惡降之冥罰，禍淫之律難寬。《九天玄姆治心消孽真經》

第三篇

王霸在遇

行王道或行霸道，端看所遇時機。

王道與霸道，哪個好？哪個有效？

太上王道，其次霸道，但成就王業與霸業，

須視社會發展狀況而決定，非能強行。

王霸有其同異，並無絕對優劣，順時應運才是正途，

能王當王，不能，則霸吧！

王先，霸次之，強又次之

「王道」的概念最早出自《尚書》：王道廣大而不偏私，王道公平而不偏頗，王道正直而不反覆傾斜。❶

唐朝孔穎達對「王道」兩字的解釋是「王者所行之道」。只要是中國人，幾乎都聽過「王道」這個詞；而一提到王道，大家都有無限的嚮往，接著又會拿它來和「霸道」相提並論，比較一番。一般人以為：王道是好的，霸道是不好的，卻少有人真正瞭解王道和霸道的真正內涵！

政治有三種：王道的政治教化人民，霸道的政治威懾人民，強暴的政治脅迫人民。三種政治各有施行的方法和效果，而以教化最好。當教化不能使人民改變，才加以威懾；當威懾不能使人民改變，才施以脅迫；當脅迫不能使人民改變，才處以刑罰；到了要對人民處以刑罰，就是行王道者不得已的做法了。❷

所以聖明的國君以道德教化為先，以施行刑罰為後，定立榮譽和恥辱的標準，明確公布要預防禁止的事項；將崇尚禮義的節度昭示天下，看輕錢財以改變民心；管好身邊的事，整頓內宮使之合乎

【典籍出處】

❶無偏無黨，王道蕩蕩；無黨無偏，王道平平；無反無側，王道正直。《尚書・周書・洪範》

❷政有三品：王者之政化之，霸者之政威之，強者之政脅之，夫此三者各有所施，而化之為貴矣。夫化之不變而後威之，威之不變而後脅之，脅之不變而後刑之；夫至於刑者，則非王者之所得已也。《說苑・政理第七》

禮儀，訂好后妃的職份不使混亂。能夠做到這樣，天下人就沒有不敬慕義禮賜予的光榮，並厭惡貪婪亂紀帶來的恥辱。能夠有這樣的結果，全是道德教化之功！❸

王道難，自古僅三王

值得注意的是，中國幾千年歷史中，眾所公認施行王道的，似乎只有夏禹、商湯和周文王、武王三朝開國領導者——古人的撰述中給予足以和三皇五帝相提並論的歷史地位；後世其餘的國君，包括春秋五霸和那些年代更晚、在歷史上建立了太平盛世的國君，沒有一個被認為施行了王道。❹

歷史上只夏禹、商湯和周文王、武王成就了王業，推斷原因可能如下：

第一，領導者可以選擇教化人民，追求王道政治的實現，但只以教化一味，究竟能不能做到內政修明、四夷歸來，卻還要看客觀環境而定。上古時代民風純樸，之後，隨著民智愈開，世風日下，人心不古，單以教化施行王道的國內環境已經一去不復返矣！

❸ 是以聖王先德教而後刑罰，立榮恥而明防禁；崇禮義之節以示之，賤貨利之弊以變之；修近理內，政橛機之禮，壹妃匹之際，則莫不慕義禮之榮，而惡貪亂之恥。其所由致之者，化使然也。《說苑・政理第七》

❹ 孟子曰：「五霸者，三王之罪人也；今之諸侯，五霸之罪人也；今之大夫，今之諸侯之罪人也。」〈孟子・告子下〉

是以泰山不讓士壤，故能成其大；河海不擇細流，故能就其深；王者不卻眾庶，故能明其德。是以地無四方，民無異國，四時充美，鬼神降福，此五帝三王之所以無敵也。李斯〈諫逐客書〉

第二，歐洲工業革命以後，資本主義興起，船堅砲利，中國失去了「世界環繞中國而轉」的相對優勢，抵禦尚且力不從心，何來分庭抗禮、甚至引領風騷的實力？

道、神、聖、賢經典對「王」和「霸」的論述不少，雖然每種論述的時空不同，切入點不同，闡述的重點也不盡相同，還是可以讓我們借之驗證研究「王道難，只古代三王」的原委。

王霸之同

一、內政修明，鄰國無道

成就霸業、王業有其時機。國內政治修明而鄰國無道，就是成就霸業、王業的有利時機。❺

不是每個國家都夠資格談霸業、王業。內政不修的國家，自身難保；比鄰富強的國家，國際舞台上自己只能當配角；他們都沒資格稱霸、當王。

只有具有相對優勢的國家，國家實力雄厚，才能稱之為成就霸業；能夠進而兼正他國，則稱之為成就王業。成就王業的國君，必

❺ 君人者有道，霸王者有時。國修而鄰國無道，霸王之資也。《管子・霸言第二十三》

有其獨到的英明之處，他不攻取具有相同仁德的國家，也不兼併統治道義一致的國家。所謂爭天下，是以武力推翻危亂殘暴的其他國君，這是成就王業者常做的事。❻

二、布德施惠，爭取人心

成就霸、王之業都要布德施惠；要爭奪天下，必先爭取人心。明白天下大略者，能得人心；只精於小計者，失去人心。❼得到天下多數人擁護的，能成就王業；得到天下半數人擁護的，也能成就霸業。❽

三、多方勝出，以成其業

不論成就王業或霸業都不是容易的事。成就王業或霸業有其必要的形勢：道德義理要勝過他人，智慧謀略要勝過他人，用兵作戰要勝過他人，地理形貌要勝過他人，行動作為也要勝過他人；各個方面都要勝過別人才能夠統治天下。❾

由小而霸，有其方法：善於治國者，借重大國的威嚴，依事勢的發展使它變小；借重強國的權力，依事勢的發展使它變弱；借重

❻夫豐國之謂霸，兼正之國之謂王。夫王者有所獨明，德共者不取也，道同者不王也。夫爭天下者，以威易危暴，王之常也。《管子・霸言第二十三》

❼夫爭天下者，必先爭人。明大數者，得人，審小計者，失人。《管子・霸言第二十三》

❽得天下之眾者王，得其半者霸。《管子・霸言第二十三》

❾霸王之形，德義勝之，智謀勝之，兵戰勝之，地形勝之，動作勝之，故王之。《管子・霸言第二十三》

重要國家的地位，依事勢的發展使它變得不重要。❿

不論是要成就王業或霸業，可都是需要有幾把刷子！

四、高舉仁義大旗

孟老夫子對齊桓五霸不予好評，對王道則推崇論述甚多，拉大了王業、霸業的距離。他曾說：王道是以道德教化推行仁政，而霸道是藉仁義之名、以武力討伐施壓。⓫

要理解這段話，除了看教化手段與武力手段的不同外，也別忘了王者以仁政為目的，霸者至少也高舉著仁義的旗幟。姑不論霸者的仁義是不是裝出來的，至少在孟老夫子的眼中，霸者也還是講仁說義的。

五、義立而王，信立而霸

國君可以選擇的治國手段有三：以義治國、以信治國和以權謀（是私心的權謀而不是秉公的權謀）治國。建立了義可以王，建立了信可以霸，建立權謀就要滅亡，這三者是聖明的國君必須謹慎選擇的，也是仁人務求明揚顯白的。⓬

❿ 夫善用國者，因其大國之重，以其勢小之；因彊國之權，以其勢弱之；因重國之形，以其勢輕之。《管子・霸言第二十三》

⓫ 孟子曰：「以力假仁者霸……，以德行仁者王……。」《孟子・公孫丑上》

⓬ 故用國者，義立而王，信立而霸，權謀立而亡；三者明主之所謹擇也，仁人之所務白也。《荀子・王霸第十一》

「義立而王」的情形是：全國上下都取濟於義，一朝便可顯白於天下，湯武就是這樣。湯在亳、武王在鄗，都是只有百里大小的地方，而最後能夠統一天下，使諸侯臣服，人能到達的地方沒有不歸服的，原因無他，就是因為取濟於義。⓭

「信立而霸」的情形則是：德雖沒到極致，義雖尚未成濟，天下的理已經大略湊聚，刑賞已經昭信於天下，臣子都曉得國君言而有信。政令一旦公布，雖然看到對自己不利的結果，也不會更改以欺騙人民；盟約一旦訂定，雖然看到對自己不利的結果，也不更改或欺騙簽約的他國。如此，則軍隊強勁城牆鞏固，敵國畏懼。國內齊一信守彰明，盟約國就給予信任；雖然是位處僻陋地方的國家，威名也會震動天下，春秋五霸就是如此。⓮

春秋五霸有所成就不是因為政教好，不是因為極其崇高，不是因為極有文理，也不是因為服人之心，而是所向在於方略，審度勞佚，謹嚴蓄積，修具戰備，上下都能互應相信，使天下沒有敢於對抗的。所以齊桓公、晉文公、楚莊王、吳王闔閭、越王句踐，雖然都只是僻陋地方的國君，卻威名震動天下，盛彊威脅中原；這沒有其他緣故，取信於人而已。⓯

⓭ 故曰：以國齊義，一日而白，湯武是也。湯以亳，武王以鄗，皆百里之地也，天下為一，諸侯為臣，通達之屬，莫不從服，無它故焉，以濟義矣，是所謂義立而王也。《荀子・王霸第十一》

⓮ 德雖未至也，義雖未濟也，然而天下之理略奏矣，刑賞已諾信乎天下矣，臣下曉然皆知其可要也。政令已陳，雖覩利敗，不欺其民；約結已定，雖覩利敗，不欺其與。如是，則兵勁城固，敵國畏之；國一綦明，與國信之；雖僻陋之國，威動天下，五伯是也。《荀子・王霸第十一》

⓯ 非本政教也，非致隆高也，非綦文理也，非服人之心也，鄉方略，審勞佚，謹畜積，脩戰備，齺然上下相信，而天下莫之敢當。故齊桓、晉文、楚莊、吳闔閭、越句踐，是皆僻陋之國也，威動天下，彊殆中國，無它故焉，略信也，是所謂信立而霸也。《荀子・王霸第十一》

再一次，讓我們別只看「義立而王，信立而霸」的相異之處，而應該看到「義」和「信」兩者都是值得稱頌的德行。由這個角度思考，王、霸是有相同之處的！

六、只要義兵，王霸都用

「成就王業的方式有幾種？」文子問了老子這個問題，而老子的回答是：「只有一種。」⑯

文子追問：「自古以來，有以道稱王的，有以武力稱王的，怎麼說只有一種呢？」老子回答：「以道稱王的，講的是德；以武力稱王的，講的也是德。」⑰

出兵打仗有五種：義兵，應兵，忿兵，貪兵，驕兵。為誅暴救弱出兵稱為義兵，敵人來攻、不得已而出兵稱為應兵，為了小爭執、爭口氣出兵稱為忿兵，為了取人土地、奪人財貨而出兵稱為貪兵，仗恃國家土地大、人口多、要給敵國好看而出兵稱為驕兵。義兵可以稱王，應兵能打勝仗，忿兵會吃敗仗，貪兵會戰死，驕兵會被消滅，這就是天道。⑱

以老子的論述看，只要是義兵，只要是為德，都可以出兵，王

⑯ 文子問曰：王道有幾？老子曰：一而已矣。《文子・道德》

⑰ 文子曰：古有以道王者，有以兵王者，何其一也？曰：以道王者德也，以兵王者亦德也。《文子・道德》

⑱ 用兵有五：有義兵，有應兵，有忿兵，有貪兵，有驕兵。誅暴救弱謂之義，敵來加己不得已而用之謂之應，爭小故不勝其心謂之忿，利人土地、欲人財貨謂之貪，恃其國家之大，矜其人民之眾，欲見賢於敵國者謂之驕。義兵王，應兵勝，忿兵敗，貪兵死，驕兵滅，此天道也。《文子・道德》

霸沒有不同。

王霸之異

一、王者之兵，必有本統

荀子曾和臨武君在趙孝成王面前談論用兵，對什麼是用兵的要領，荀子的看法是：古代的用兵之道，攻戰的根本在於齊一人民的心；善於親附人民的，就是善於用兵的人。荀子所講的就是仁者的用兵，王者的志向。[19]

招延募選，看重勢詐，崇尚功利，是詐欺的行為；禮義教化，是齊一人心作為之道，因此以詐遇詐，還有巧拙之分，不知誰能勝出？以詐遇齊，就像拿錐刀砍太山，絕無勝算，不是天下最笨的人是不敢嘗試的。所以能完全齊一的軍隊便能平定天下，稍微齊一的軍隊能夠打敗鄰敵；招延募選、看重勢詐、崇尚功利的軍隊會不會打勝仗就沒定數了。[20]

齊桓公、晉文公、楚莊王、吳王闔閭、越王句踐都是和齊之兵，可說是已經進入了王兵的領域；然而還不具備本統，所以只可

[19] 臣所聞古之道，凡用兵攻戰之本，在乎壹民。……故善附民者，是乃善用兵者也。故兵要在乎善附民而已。……臣之所道，仁人之兵，王者之志也。《荀子・議兵第十五》

[20] 故招近募選，隆埶詐，尚功利，是漸之也；禮義教化，是齊之也。故以詐遇詐，猶有巧拙焉；以詐遇齊，辟之猶以錐刀墮太山也，非天下之愚人莫敢試。……故兵大齊則制天下，小齊則治鄰敵。若夫招近募選，隆埶詐，尚功利之兵，則勝不勝無常。《荀子・議兵第十五》

以做到霸，還做不到王！㉑

二、王重德輕刑，霸刑德並重

治理國家有兩種方式：使用刑罰和施行德政；行王道的人重視德政而少用刑罰，行霸道的人刑罰德政並用，要強國者先用刑罰後用德政。使用刑罰和施行德政，是實現教化的手段。施行德政可以培養善良彌補缺失，使用刑罰可以懲戒兇惡禁止再犯。所以施行德政的最後手段是給予賞賜，使用刑罰的最後手段是加以殺戮。㉒

賞賜和殺戮是用來區別賢和不肖、有功和無功的，所以殺戮和賞賜不能錯亂，一錯亂就善惡不分了。如果有功而不給賞賜，則做好事的人就得不到鼓勵；有罪惡而不殺戮，則罪惡的人就不會畏懼。做好事的人得不到鼓勵，有罪惡而不殺戮，而想感化天下，這是從來沒有聽說過的。《尚書》有云：「用一切力量做好賞罰。」說的就是這個道理。㉓

三、因應不同國際局勢

除了內部的客觀環境影響了刑、德的相對重要性，王、霸也是

㉑ 齊桓、晉文、楚莊、吳闔閭、越句踐是皆和齊之兵也，可謂入其域矣，然而未有本統也，故可以霸而不可以王，是強弱之效也。《荀子・議兵第十五》

㉒ 治國有二機，刑德是也；王者尚其德而希其刑，霸者刑德並湊，強國先其刑而後德。夫刑德者，化之所由興也。德者，養善而進闕者也；刑者，懲惡而禁後者也。故德化之崇者至於賞，刑罰之甚者至於誅。《說苑・政理第七》

㉓ 夫誅賞者，所以別賢不肖而列有功與無功也。故誅賞不可以繆，誅賞繆則善惡亂矣。夫有功而不賞，則善不勸，有過而不誅，則惡不懼。善不勸而能以行化乎天下者，未嘗聞也。《書》曰：「畢力賞罰。」此之謂也。《說苑・政理第七》

由於因應不同外部客觀環境，也就是因應當今所謂國際局勢所造成的結果。

強國多，便聯合強國，攻取弱國，謀成霸業。強國少，便聯合小國，進攻大國，謀成王業。24

強國多而奢談王業態勢的，是愚人的見識。強國少而施行霸道的，是壞事的策略。聖明的國君察看天下大勢，就知道動靜的時機，察看先後次序的機宜，就知道禍福之門。強國多，先發兵舉事的國家危險，後發兵舉事的國家得利；強國少，先發兵舉事的國家稱王，後發兵舉事的國家滅亡。參戰的國家多，後發兵舉事的國家可成就霸業；參戰的國家少，先發兵舉事的國家可成就王業。25

瞭解了各種不同外部客觀環境，也就是當今所謂的國際局勢，和他們對成就王業、霸業的決定性影響，誰還能說：在任何時空環境下，一定非成就王業不可呢？

四、霸必大國，王不待大

王道和霸道的本質不同，所需要的條件也不一樣。以力量稱霸，國家不能不大；以德行稱王，國家不必強大。

24 彊國眾，合彊以攻弱，以圖霸。彊國少，合小以攻大，以圖王。《管子・霸言第二十三》

25 彊國眾，而言王勢者，愚人之智也。彊國少，而施霸道者，敗事之謀也。夫神聖視天下之形，知動靜之時，視先後之稱，知禍福之門。彊國眾，先舉者危，後舉者利。彊國少，先舉者王，後舉者亡。戰國眾，後舉可以霸。戰國少，先舉可以王。《管子・霸言第二十三》

用武力做為後盾，假借仁愛的名義進行侵略的人，便能稱霸於諸侯；而想要稱霸於諸侯，一定要先有強大的國家。用美德推行仁政的人，能完成王業，而要完成王業，不必等到強大。商湯只靠七十里、周文王只靠一百里的土地。以武力服人的，別人並不是甘心的歸服，只因自己的力量不夠；用美德服人的，則令人內心歡喜而真誠信服，就如孔子門下七十弟子信服孔子一樣。因此《詩經》說：「從東西南北四方來歸的人民，沒有不心服的。」㉖

商湯和周文王都是以小地方起家而成就王業，就是王不必大的明證！

五、霸一時之權，王萬世之利

王道講求長遠的好結果，霸道追求一時權宜的有利結果。王道追求千秋萬世的好結果，只是有時候必須先權宜地解決當下的問題，才能有追求長遠結果的可能。晉文公在城濮之戰時分別向他的舅舅狐偃（字子犯）和兒子雍季詢問破敵之計的故事，彰顯了文公既知「一時之權」，在戰場上用狐偃之計擊敗楚軍，又知「萬世之利」，在打勝封爵賞賜時先雍季後狐偃。㉗

㉖孟子曰：「以力假仁者霸，霸必有大國；以德行仁者王，王不待大。湯以七十里，文王以百里。以力服人者，非心服也，力不贍也；以德服人者，中心悅而誠服也，如七十子之服孔子也。《詩》云：『自西自東，自南自北，無思不服。』此之謂也。」《孟子．公孫丑上》

㉗晉文公將與楚人戰，召舅犯問之，……召雍季而問之，……以舅犯之謀與楚人戰以敗之。歸而行爵，先雍季而後舅犯。群臣曰：「城濮之事，舅犯謀也，夫用其言而後其身可乎？」文公曰：「此非君所知也。夫舅犯言，一時之權也；雍季言，萬世之利也。」仲尼聞之，曰：「文公之霸也宜哉！既知一時之權，又知萬世之利。」《韓非子．難一》

沒有一時之權，哪來萬世之利？文公之所以被孔老夫子讚許就是因為他兼顧了一時之權和萬世之利：在戰場上採用狐偃的兵不厭詐之策，以一時之權得到勝利；卻在事後厚賞雍季，彰顯對萬世之利的重視。

六、霸可得國，王得天下

什麼是王道所追求的最長遠結果？那就是像三王一樣地王天下！根據孟老夫子所言，要得天下，非行仁政不可，也就是非施行王道不可，倘若不行仁政，雖然能以武力稱霸，但終究不能得到天下。[28]

以力量使人臣服，可以在一段期間內讓人——甚至是多數人——臣服於你，卻難讓所有人永遠臣服。秦始皇消滅六國，一統天下，力量何等強大，卻只是曇花一現，十五年而煙消雲散，正是最好的明證。

只有施行王道，推行仁政，以德化人，才能讓所有人永遠臣服——這是得天下的唯一途徑！

[28] 孟子曰：「不仁而得國者，有之矣；不仁而得天下者，未之有也。」《孟子‧盡心下》

王霸適時，存於所遇

唐朝趙蕤寫了一本《反經》（又名《長短經》），在自序中，對他為什麼要撰寫《反經》一書做說明時，就談到了王、霸是不同時空環境下的作為。

制定一種方針政策治理國家，而當這種方針政策出現弊端時，一定會出亂子。一旦出了亂子，又該怎麼救呢？統治天下，管理人民，很少聽說有沿襲過去做法的。夏、商、周三代禮教不同，春秋五霸法令不同，這不是故意和過去相反，實在是要補救當時的弊端。所以國家的風貌雖然一樣，治理的方法卻一定不同。先聖哲人同樣聖明，而每代帝王的名號卻往往有別，這難道不是隨時確定自己的管理方式，根據以往的經驗教訓而順應客觀環境，以便成就自己的功業嗎？循此推之，社會風氣的好壞由周遭環境決定；根據以往經驗治理國家時，成就王道還是霸道也是由社會發展狀況而決定的。❷❾

只能施行霸道手段時，卻硬要施行王道手段，就和外在時空環境相違背了；只能施行強國手段時，卻硬要施行霸道手段，同樣是

❷❾然作法於理，其弊必亂。若至於亂，將焉救之？是以御世理人，罕聞沿襲。三代不同禮，五霸不同法。非其相反，蓋以救弊也。是故國容一致，而忠文之道必殊；聖哲同風，而皇王之名或異。豈非隨時投教沿乎此，因物成務牽乎彼？沿乎此者，醇薄繼於所遭；牽乎彼者，王霸存於所遇。《反經・原序》

背離了外在時空環境！如果時逢天下大亂，人心詭詐，正道毀損，卻還想遵從先王的傳統，廣泛地推行道德教化，就像是在等待熟悉水性的人來拯救溺水者，請求那些尊貴的大人來撲滅火災一樣；好是好，難道這符合所謂的「通於時變」嗎？30

霸道是混雜的治理方式，黑白間雜，不是單純地以道德為衡量的。它只求達到目的，不問手段；強調總體效果，不拘泥於細微末節。雖然仁義不及夏禹、商湯和周文王、武王，但是在扶顛定傾這點上，卻跟三王是一樣的！31

能王當王，不能則霸

趙蕤在他的年代，擔心一般的儒生受學識所限，不懂得王道和霸道的區別，所以闡明長短術，以經典的內容說明通權達變的道理，寫下不同題目總計六十三篇的文章，合成十卷，書名稱為《反經》，旨在探究如何鞏固統治的根基，革除當時的弊端，復興衰亡，整治動亂。32

「太上王道，其次霸道」，王道是中國人所嚮往最完美的政治

30 由此觀之，當霸者之朝而行王者之化，則悖矣。當強國之世而行霸者之威，則乖矣。若時逢狙詐，正道陵夷，欲憲章先王，廣陳德化，是猶待越客以拯溺，白大人以救火。善則善矣，豈所謂通於時變歟？《反經・原序》

31 夫霸者，駁道也。蓋白黑雜合，不純用德焉。期於有成，不問所以；論於大體，不守小節。雖稱仁引義不及三王，扶顛定傾，其歸一揆。《反經・原序》

32 恐儒者溺於所聞，不知王霸殊略，故敘以長短術，以經論通變者，並立題目總六十有三篇，合為十卷，名曰《反經》。大旨在乎寧固根蒂，革易時弊，興亡治亂。《反經・原序》

手段，如果可能做到，當然值得一試。而有點受到污名化的霸道，由本篇所摘錄道、神、聖、賢的相關論述來看，其實與王道相去不遠，不同之處其實多來自客觀環境。

順時應運，能王當王，不能，則霸吧！

第四篇

為學知兵

用兵之道，其實就是人生之道。

要詐用計，該不該學？要不要學？
為學不可以不知兵，詭道兵學，該用要學，
兵學內涵的每一部分都能應用在人生的面向上，
手段上「兵以詐立」，心境上「兵以仁立」，
在生活中、職場上當然可以使用詭計詐術！

詭道該用，兵學要懂！

本書第二篇〈義兵無偃〉講的是：由國家社會整體來看，雖然兵者凶事也，但是國家不能沒有訓練有素、保國衛民、捍衛正義的軍隊；同理，有些事和用兵作戰一樣，看似凶險、麻煩、惱人，但是為了崇高的目標，不能不有備無患。

這一篇則由個人的角度，為下列兩個問題在道、神、聖、賢經典中找到答案：

第一，兵者，詭道也，用兵打仗當然要要詐用計。那活在二十一世紀當下的我們，該不該、可不可以在生活中、在職場上使用詭計詐術？❶

答案是肯定的：只要符合經典為詭道所設的條件，我們可以——甚至應該在生活中、職場上使用詭計詐術。

第二，二十一世紀，雖然區域性戰爭在全球各地從未停止，但是越來越多國家已採用募兵制，用兵之事成為大多數人接觸不到、甚至於漠不關心的事；兵學該這樣被拋諸腦後、束之高閣嗎？

答案是否定的：當今兵學被拋諸腦後、束之高閣，是上位者已

【典籍出處】

❶ 兵者，詭道也。《孫子兵法・始計第一》

經拋棄了我們人民啊！

兵學之事，經典必談

兵學在中國歷史上向來受到重視，其相關論述在傳世經典中據有一席之地，除了在世界上享有盛名的《孫子兵法》（英譯 *The Art of War*），還有許多其他兵學經典。宋朝人把之前七部有名的兵學著作《六韜》、《三略》、《司馬法》、《孫子》、《吳子》、《尉繚子》和《唐太宗李衛公論對》合稱為《武經七書》，這七本巨著雖然都是廣義的兵法，但切入重點各有不同，各有所長，合之而成一個完整的兵學寶庫。

《武經七書》之後，又有後人論述兵學，著成專書，像是諸葛亮的《將苑》和《便宜十六策》、劉基的《百戰奇略》、揭暄的《兵經百言》等等，但後世的兵書，多是對前人兵學的詮釋和補充，已經難有在《武經七書》內涵之外的創新論述了！

兵學專著之外，其他各家的經典，除了《道德經》堪稱中國兵學思想的重要起源外，也都對用兵的哲學、邏輯做了各個層面的闡述發揮，像是《荀子・議兵篇第十五》、《管子・兵法第十七》、《潛夫論・勸將第二十一》、《呂氏春秋・蕩兵》、《呂氏春秋・振亂》等等，都是信手拈來的例子。道、神、聖、賢經典多談國家社稷大事，兵學之事自然不容缺席，成為必談之事。

輔佐王業的利器

槍桿子出政權。古今中外沒有一個政府可以無武力還能維持政權的，中美洲的哥斯大黎加號稱沒有軍隊，但仍然有警察武力。

明白事物自然規律的可以為皇，審察天道循環的可以為帝，通曉施行德政的可以為王。以謀略用兵作戰得到勝利的能稱霸，所以用兵打仗雖然不是完備的道和至高的德政，卻可以用來輔佐王業或成就霸業。當今用兵的人則不是這樣，不知道用兵之事是要權衡輕重得失的，所以，第一，他們起兵的那天，國內就已經貧窮了；第二，他們打的是沒有必勝把握的仗；第三，即使打勝仗，自己也死傷慘重；第四，即使奪得土地，本身也元氣大傷。這四種狀況都是用兵的禍患，有這些危國害家的禍患，國家沒有不滅亡的。❷

❷明一者皇，察道者帝，通德者王，謀得兵勝者霸。故夫兵，雖非備道至德也，然而所以輔王成霸。今代之用兵者不然，不知兵權者也。故舉兵之日，而境內貧，戰不必勝，勝則多死，得地而國敗。此四者，用兵之禍者也。四禍其國，而無不危矣。《管子・兵法第十七》

讀《管子》所說用兵的四種禍患，拿當今世界強權發動的幾場戰爭來驗證，令人拍案叫絕，它們全被《管子》說中！強權贏得了戰爭，卻因此拖垮自己！

用兵作戰是使用凶險工具的事，而爭奪則是違背道德之舉。戰爭之所以存在，必定有它的原因。所以古代的國君用兵討伐暴亂，是本著仁愛行義的出發點；今之用兵則是為了建立國威，抵抗侵略，或是相互圖謀吞併。為了弔民伐罪、為了救亡圖存，不能廢棄用兵作戰。❸

用兵作戰以武事做骨幹，以文事為種子。武事是表、文事是裡，能夠審察文武之事、明瞭兩者相互關係的，可以判斷戰爭誰勝誰敗。文事上要觀察利害，明辨安危；武事上則需判斷是要攻擊還是防禦敵人。❹

❸兵者，凶器也。爭者，逆德也。事必有本，故王者伐暴亂，本仁義焉。戰國則以立威，抗敵，相圖，不能廢兵也。《尉繚子・兵令上第二十三》

❹兵者以武為植，以文為種。武為表，文為裡。能審此二者，知勝敗矣。文所以視利害，辨安危；武所以犯強敵，力攻守也。《尉繚子・兵令上第二十三》

戰略以仁立，戰術以詐立

「兵以仁立」還是「兵以詐立」？荀子和臨武君曾爭辯過這個問題，而這個問題一吵就是兩千多年。宋朝以來，很多人拿《武經七書》中的《司馬法》和《孫子兵法》相較，認為《司馬法》是正，《孫子兵法》是奇，因此《孫子兵法》不如《司馬法》。真是這樣嗎？

春秋時代，晉、楚兩國間爆發了有名的城濮之戰，相關的故事恰恰對這個兩千多年的老問題提供了答案。

城濮之戰開打前，晉文公問他的舅舅狐偃（號子犯）：「我軍要和楚軍開戰了，彼眾我寡，要怎麼打？」狐偃說：「我聽說『繁禮君子，不厭忠信；戰陣之閒，不厭詐偽』，大王只有一個選擇，就是使用詐術欺敵。」❺

文公又以同樣的問題問他的兒子雍季，也就是公子雍，雍季回答：「燒了樹木開闢成田地，捕捉過多的野獸，日後必定就沒有野獸；以詐術對待人民，能夠偷得到一時的好處，卻一定不會有下一次。」文公表揚雍季，認為他說得好；但戰爭開打後，採用的卻是狐偃的詐術之謀，打敗了楚人。❻

戰勝回國後論功行賞，文公把雍季排在狐偃之前。群臣不解，都說：「城濮之戰打勝，靠的是狐偃的計謀，用了他的建言，怎麼行賞時卻把他排在雍季之後呢？」文公說：「這，你們就不懂了。狐偃的話只是一時之權，雍季的話才是萬世之利。」孔老夫子聽到

❺ 晉文公將與楚人戰，召舅犯問之，曰：「吾將與楚人戰，彼眾我寡，為之奈何？」舅犯對曰：「臣聞之，繁禮君子，不厭忠信；戰陣之間，不厭詐偽，君其詐之而已矣。」《韓非子・難一》

❻ 文公辭舅犯，因召雍季而問之，曰：「我將與楚人戰，彼眾我寡，為之奈何？」雍季對曰：「焚林而田，偷取多獸，後必無獸；以詐遇民，偷取一時，後必無復。」文公曰：「善。」辭雍季，以舅犯之謀與楚人戰以敗之。《韓非子・難一》

這樣的事，大為感慨：「文公成就了霸業，真是理所當然！他是既知一時之權，又知萬世之利！」❼

儘管《韓非子》的作者韓非並不認同孔老夫子的看法，在接下來的一段文字中對文公的決定提出質疑，但以上的敘述讓我們看到文公在「兵以仁立」和「兵以詐立」間所做的選擇與平衡：為了一時之權，就戰術來講，兵以詐立，所以文公採用狐偃建議的詐術，在戰場上擊敗了楚軍；為了萬世之利，就戰略來講，兵以仁立，所以文公戰後論賞時，把雍季排在狐偃之前，公開昭示義兵的重要。

文公在「兵以仁立」和「兵以詐立」間取得了巧妙平衡，春秋五霸，實至名歸！

禁暴除害，不為爭奪

荀子的學生陳囂請教荀子：「先生議兵論事，常以仁義做為兵事的根本；仁者愛人，義者依循義理，那又為什麼要用兵打仗呢？凡是用兵打仗，不就是為了爭奪嗎？」❽

荀子答說：「這，就是你所不知道的！仁者愛人，正因為愛

❼ 歸而行爵，先雍季而後舅犯。群臣曰：「城濮之事，舅犯謀也，夫用其言而後其身可乎？」文公曰：「此非君所知也。夫舅犯言，一時之權也；雍季言，萬世之利也。」仲尼聞之，曰：「文公之霸也宜哉！既知一時之權，又知萬世之利。」《韓非子・難一》

❽ 陳囂問孫卿子曰：「先生議兵，常以仁義為本；仁者愛人，義者循理，然則又何以兵為？凡所為有兵者，為爭奪也。」《荀子・議兵第十五》

人，所以厭惡有人傷害他人；義者依循道理，正因為循理，所以厭惡有人作亂。用兵作戰是為了禁暴除害，不是為了爭奪啊！」❾

凡是兼併他人的方法，不外三種：用德兼併，用武力兼併，以及用財富兼併。❿

以德兼併他人者，可以成就王業；以武力兼併他人者，自己的力量會被削弱；而以財富兼併他人者，自己會變貧窮，這道理古今都一樣。⓫

有智慧的聖王，因此只以武力禁暴除害，卻不用以爭奪土地、財貨，兼併他人；若要兼併他人，一定用德！

凝聚整合才是重點

兼併他人容易，凝聚固守所兼併的卻很難。齊國能併吞宋國，而不能凝聚整合，所以又被魏國奪走。燕國能兼併齊國，而不能凝聚整合，又被田單恢復齊國。韓國上黨的地方，方圓數百里，城邑完全、府庫富足，歸趨於趙，但趙國不能凝聚整合，結果被秦國奪走。⓬

❾ 孫卿子曰：「非女所知也！彼仁者愛人，愛人故惡人之害之也；義者循理，循理故惡人之亂之也。彼兵者所以禁暴除害也，非爭奪也。」《荀子・議兵第十五》

❿ 凡兼人者有三術：有以德兼人者，有以力兼人者，有以富兼人者。《荀子・議兵第十五》

⓫ 故曰，以德兼人者王，以力兼人者弱，以富兼人者貧，古今一也。《荀子・議兵第十五》

⓬ 兼并易能也，唯堅凝之難焉。齊能并宋，而不能凝也，故魏奪之。燕能并齊，而不能凝也，故田單奪之。韓之上地，方數百里，完全富足而趨趙，趙不能凝也，故秦奪之。《荀子・議兵第十五》

所以，能兼併卻不能凝聚整合，則必定會被別人奪走；不能兼併又不能凝聚整合自己既有的，則必定敗亡。能凝聚整合的必能兼併；如果得到手的就能夠凝聚整合，則沒有誰強大到他兼併不了的！⓭

古時的湯以薄起家，武王以滈起家，都只有百里的疆域，但能夠一統天下，使諸侯稱臣，沒有別的原因，就是能凝聚整合。所以以禮凝聚士人，以良好的政治凝聚人民；禮修而士人信服，政平而人民安定；士服民安，這就稱為最佳的凝聚整合。用它來守護，則牢固不破；用它來征伐，則力量強大；發號施令就被執行，禁止的事則沒人敢做，成為王者的條件就都具備了。⓮

現代商戰中常有企業兼併其他企業。而不論企業的購併是惡意還是合意，購併的綜效要能夠實現，原先的目的要能達成，購併的規劃與執行固然重要，但購併後組織單位與人員間的整合凝聚，才是決定企業購併成敗更重要的核心工作。

《孫子兵法》告訴我們：在戰場上，要把自敵軍擄獲的戰車換上我方的旗幟，加入我軍使用，還要善待投降的敵卒，使其為我所用，這就是戰勝敵人使自己益發強大的道理。⓯

⓭ 故能并之，而不能凝，則必奪；不能并之，又不能凝其有，則必亡。能凝之，則必能并之矣。得之則凝，兼并無強。《荀子・議兵第十五》

⓮ 古者湯以薄，武王以滈，皆百里之地也，天下為一，諸侯為臣，無他故焉，能凝之也。故凝士以禮，凝民以政；禮脩而士服，政平而民安；士服民安，夫是之謂大凝。以守則固，以征則強，令行禁止，王者之事畢矣。《荀子・議兵第十五》

⓯ ……取敵之利者，貨也。故車戰，得車十乘已上，賞其先得者，而更其旌旗，車雜而乘之，卒善而養之，是謂勝敵而益強。《孫子兵法・作戰第二》

商場如戰場，兼併敵人後的凝聚整合帶來的戰爭整體實質利益，和企業購併後產生的綜效帶來購併成本的回收，道理完全一樣。

全學：仁義兵缺一不可

老子的學生計然在他所著《文子》一書中有下面一段話：

凡人之道，心欲小，志欲大，智欲圓，行欲方，能欲多，事欲少。

什麼是能欲多呢？首先就是要文武兼備，再來一動一靜都合乎儀軌，做什麼不做什麼，周全適當。本領多的人，在計然眼中，沒有任何事不能解決！⑯

所謂文武兼備，講的是馬上橫槊，馬下作賦，正如《小窗幽記・集豪篇》中所言：

⑯ 能多者，文武備具，動靜中儀，舉錯廢置，曲得其宜也，……能多者，無不治也……。《文子・微明》

上馬橫槊，下馬作賦，自是英雄本色；熟讀《離騷》，痛飲濁酒，果然名士風流。

《潛書》對君子應該學習用兵之道，講得最清楚明白了：

君子求學，不可以不知用兵的學問。⓱

讀書人常喜歡獨善其身，天下太平時，認為只要學仁學義就夠用了，不一定要有所謂的「全學」。全學就像隻鼎，鼎有三隻腳，學也有三隻腳，分別是「仁」、「義」、「兵」。⓲

一隻腳折斷了，另外兩隻腳不足以支撐，鼎就會翻倒。不懂用兵之學，則所學到的仁、義都沒有用，國家也因此走上滅亡。用兵之事是國家的大事，也是君子應該急切看重的事。就如同野獸有角，常常會碰到而覺得麻煩，但等到有強大的野獸來襲而能免於禍患，靠的就是有角之利；身上有手，常常搓揉覺得麻煩，但等到強暴的敵人來攻擊而能免於禍患，靠的就是有手之利；國家養軍隊，常常覺得芒刺在背，但是等到敵人前來攻打而能免於禍患，靠的就是軍隊平常的訓練有素。⓳

⓱ 君子之為學也，不可以不知兵。《潛書・下篇下・全學》

⓲ 學者善獨身。居平世，仁義足矣，而非全學也。全學猶鼎也，鼎有三足，學亦有之：仁一也，義一也，兵一也。《潛書・下篇下・全學》

⓳ 一足折，則二足不支，而鼎因以傾矣。不知兵，則仁義無用，而國因以亡矣。夫兵者，國之大事，君子之急務也。獸之有角，不時觸也；噬及無患，以角便也。身之有手，不時搏也；暴至無患，以手便也。國之有兵，不時刺也；敵至無患，以兵習也。《潛書・下篇下・全學》

「全學」的三隻腳，一隻叫「仁」，一隻叫「義」，一隻叫「兵」。《潛書》的作者唐甄就感慨明末清初的讀書人只圖學「仁」與學「義」，卻忽略了「兵」，因此不僅個人不能做到全學，國家社會也不能保全！

當今之世，對學「財」、學「利」、學「名」、學「慾」，人人趨之若鶩，「全學」的三隻腳早都全被砍斷，學「兵」、學「仁」與學「義」，都難找到了！國家危矣！國人戒之！

全方位的動員整合

只拿著鼓鎚擊著戰鼓，與敵軍交兵廝殺，居然就能以武事成就功業，尉繚子認為這部分不是難事；那難的又是什麼呢？[20]

古人說：「沒有蒙皮衝車去攻擊，沒有陷阱拒馬來防禦，是謂沒有長處的軍隊。」看不見新事物，聽不到新傳聞，那是因為國家沒有聚天下人、集散天下貨的交易市場。市場是什麼？是主管百貨、平估物價、以有易無的交易場所，貨物便宜就買進，昂貴就賣出，調節人民的消費。人月食粟米一斗，馬月食豆菽三斗，吃不

[20] 夫提鼓揮枹，接兵角刃，居以武事成功者，臣以為非難也。《尉繚子・武議第八》

夠，人就面有饑色，馬就日漸消瘦，怎麼會這樣呢？市場裡有的是粟米豆菽，是軍中主司者拿去用了啊！[21]

即使是提調了天下最有節制的軍隊，若不知道設置交易百貨的採購官吏，就稱不上是會打仗的人——這是全方位作戰中，比交兵廝殺更難的部分！[22]

由此可知，作戰不光是戰場上的兩軍廝殺，更是雙方所有有形、無形資源的總動員和總整合，兵學也是無所不包的知識學問！

用兵之道，即人生之道

兵學涵蓋的內容，由戰場上與敵人廝殺的戰術、到整體作戰的戰略、再到建立國家武力的軍政，林林總總，包羅萬象。這樣無所不包的兵學，豈只能用在作戰而已？

兵書讀多了，經典讀多了，我們會發現用兵之道，其實就是人生之道，兵學內涵的每一項、每一部分都可以應用在人生其他面向上，幫助我們成為一個更完美的人，可以下列數項為證。

[21] 古人曰：「無蒙衝而攻，無渠荅而守。是謂無善之軍。」視無見，聽無聞，由國無市也。夫市也者，百貨之官也，市賤賣貴，以限士人。人食粟一斗，馬食菽三斗，人有飢色，馬有瘠形，何也？市有所出，而官無主也。《尉繚子・武議第八》

[22] 夫提天下之節制，而無百貨之官，無謂其能戰也。《尉繚子・武議第八》

一、士卒自動自發，任何領域適用

善於用兵的人，使士卒自動自發地去作戰；不善用兵的人，強迫士卒執行自己要他們出的任務。用士卒執行他們主動願意出的任務，則天下沒有不能用的士卒；用士卒做自己要他們出的任務，則天下沒有任何士卒可用！㉓

這個用兵之道，其實是放諸四海而皆準的用人之道，對任何人、任何職務、任何產業都一體適用。能運用這個原則的人，絕對是優秀的領導者，有一群自動自發、盡心盡力、認真負責、主動努力完成任務的部屬同仁為他效力。

二、善附民，如同爭取消費者認同

荀卿說：「我所聽聞古人的說法是這樣的：凡是用兵作戰的根本，在於和人民齊心。弓矢不調得精準，善射如后羿者也不能射中細小的標的；駕車的六匹馬不能相和睦，善御如造父者也不能奔馳久遠；士卒人民不親近依附，商湯和周武王也都不能得到勝利。所以善於讓人民親近依附的人，是善於用兵作戰的人；所以用兵作戰的要領，在善於讓人民親近依附。」㉔

㉓ 故善用兵者，用其自為用；不能用兵者，用其為己用。用其自為用，天下莫不可用；用其為己用，無一人之可用也。《文子・自然》

㉔ 孫卿子曰：「不然！臣所聞古之道，凡用兵攻戰之本，在乎壹民。弓矢不調，則羿不能以中微；六馬不和，則造父不能以致遠；士民不親附，則湯武不能以必勝也。故善附民者，是乃善用兵者也。故兵要在乎善附民而已。」《荀子・議兵第十五》

現代社會中，善於讓消費者親近其產品的企業，是能在商場上打敗競爭對手，得到最高市占率的龍頭企業。善於讓選民依附的候選人，是能在選舉中超越競爭對手，以高票當選的政治明星。

兵學，豈只能用在作戰而已？

三、將帥武德，值得學習

兵書中論述領軍作戰、克敵致勝的將帥所應具備的人格特質，統稱「武德」。這些武德都是可以幫助我們在人生道路上做得更好、更成功的人格特質，值得每個人自兵書中學習。

對周武王所問：「如何論將？」姜太公回答：「將有五材、十過。」十過略去不談，五材則是勇、智、仁、信、忠。勇是不可犯，智是不可亂，仁是愛人，信是不欺，忠是忠心耿耿、沒有二心。[25]

吳起也曾論將，他認為一般人論將，只看勇不勇敢，卻不知道勇敢只是為將的部分條件。勇敢的人，一定會輕率地和敵人交戰，輕率交戰又不知道利之所在，這是不可以的。所以為將者要慎重的有五件事：理、備、果、戒、約。理是條理，帶領多數人如同帶領

[25] 太公曰：「所謂五材者：勇、智、仁、信、忠也。勇則不可犯，智則不可亂，仁則愛人，信則不欺，忠則無二心。」《六韜．龍韜．論將》

少數人；備是小心，只要出門就如同見到敵人；果是果決，臨敵不求生；戒是戒慎，已經打了勝仗還像剛開始打仗；約是簡約，法令簡要而不煩瑣。[26]

見微知著，像以上所講的多項武德內涵，兵書中講述的多得是，在在可以做為我們提升自我內涵的指引。

四、成就功業的心性智慧

中國兵學揭櫫的許多原則，對做人處世的成功都有關鍵性的啟發，像是在本書接下來幾篇所闡述的心性智慧：第五篇〈奇正相生〉、第六之三篇〈避實擊虛〉、第七篇〈以寡擊眾〉、第八篇〈不豫則廢〉、第九篇〈待敵可勝〉、第十篇〈當機立斷〉、第十一篇〈迂迴至要〉，都是能幫助一個人成就功業的心性智慧。

兵學，豈只能用在作戰之上而已？

不學兵，不知兵，危矣！

當今功利盛行的社會上，即使只為了保護自己，免受奸巧賊人

[26] 吳子曰：「……凡人論將，常觀於勇，勇之於將，乃數分之一爾。夫勇者，必輕合。輕合而不知利，未可也。故將之所慎者五：一曰理，二曰備，三曰果，四曰戒，五曰約。理者，治眾如治寡；備者，出門如見敵；果者，臨敵不懷生；戒者，雖克如始戰；約者，法令省而不煩。……」《吳子‧論將第四》

之害，學得兵法中的詭道，在必要時派上用場，其實是蠻有用的！

學了兵法中的詭道，自己會不會變得賊賊的，也落入奸邪作惡的深淵呢？別擔心！只要你兵學學得正、學得通，在戰術上、手段上「兵以詐立」迎戰對手時，你應該也還是一個在戰略上、心境上「兵以仁立」的義兵之師。

學習兵學，使人文武全學，不只可以學到義兵之理、更能由兵學之中參悟人生之道，何樂不為？可惜的是：當今之世，當兵不再是每個男子光榮的國民義務，大多數人更早已忘卻兵凶戰危的威脅，軍隊只是一項職業，和任何其他賴以謀生糊口的職業沒有不同。武德不再尊貴，武德也不存在，當然兵書也就被束之高閣，少有人讀了！

孔老夫子認為：把沒有受過軍事訓練的人民推上戰場，就是棄那些無辜人民於不顧。㉗

兵書所教，是兵凶戰危，各種危機來臨時，國家、社會、個人的生存之道、保全之術。人不學兵，人不知兵；在上位者也不鼓勵人民學兵，不鼓勵人民知兵；這是在上位者讓人民身歷險境，是在上位者棄人民於不顧啊！

㉗子曰：「以不教民戰，是謂棄之。」《論語・子路篇》

諸葛亮用奇計取得曹軍十餘萬枝箭，周瑜得知驚嘆道：「孔明神機妙算，吾不如也！」

第五篇

奇正相生

正中生奇，奇中生正。學好奇正，虛實自知！

面對人生挑戰，該正？該奇？

正而無奇守也，奇而無正鬬也，奇正相生才是周全。

更高明的是能因應外在環境的變化，

迅速由正轉奇，由奇轉正。

善用奇正，職場、學業、事業無往不利！

老摩根珍珠別針的算計

美國投資銀行小摩（JP Morgan）的創辦人老摩根（JP Morgan, Sr.）喜歡上等的珍珠飾物，他關照一位熟識的珠寶商，有好的珍珠飾物就為他留意。所以當珠寶商遇上一顆罕見的上好珍珠時，就用它為老摩根打造了一枚漂亮的圍巾別針，附上在當時可算是天價的五千美元發票，把珍珠圍巾別針給老摩根送了過去。

第二天，老摩根差人給珠寶商送來一個密封的盒子、一張便條和一張支票，便條上寫著：「我喜歡這枚別針，但不喜歡它的價錢。如果你接受所附的四千美元支票，請把盒子原樣退回。」❶

珠寶商很不高興，他為達成老摩根的心願大費心血，打造了這麼一枚漂亮的珍珠圍巾別針，老摩根竟然還要殺他的價，真是熱面孔貼冷屁股，太不值得了！

撕掉那張四千美元的支票，也撕掉了盒子上的封條，珠寶商想把珍珠圍巾別針拿出來。打開盒子，他卻愣住了！盒裡沒有珍珠圍巾別針，而是一張五千美元的支票！

熟讀中國兵法者，讀到這則故事，立刻可以認出老摩根用的正

【典籍出處】

❶ I like the pin, but I don't like the price. If you will accept the enclosed check for $4,000, please send back the box with the seal unbroken. ——*The 48 Laws of Power*

是：一手正兵，一手奇兵！

什麼是正？什麼是奇？

正、奇之說，以《道德經》所述最為有名；老子所說的「以正治國，以奇用兵，以無事取天下」，是常被人掛在嘴上的一句話。❷

《尹文子》對它的詮釋是這樣的：「正」與「政」通，所謂「正」或「政」，就是以名、法來治理國家，萬物就不會混亂。所謂「奇」，就是權、術；以權、術用兵，萬物都不能相抗衡。凡是能運用名、法、權、術，矯正抑止殘暴的情事，那國君就可以做到無為而治；自己無為而治，就可以得到天下了。所以，國家失去治理，就要運用法律、法令，失去了法治，就要使用軍隊，這是要做到無為而治，而不是要恃強立威。如要恃強立威，反而會被持守柔弱者降伏。❸

中國兵學師承《道德經》甚多，對正、奇有更多的論述。

帶兵打仗要做到四件事：管理人數眾多的部隊要像管理小部隊

❷ 以正治國，以奇用兵，以無事取天下。《道德經・第五十七章》

❸ 政者，名、法是也；以名、法治國，萬物所不能亂。奇者，權、術是也；以權、術用兵，萬物所不能敵。凡能用名、法、權、術，而矯抑殘暴之情，則己無事焉；己無事，則得天下矣。故失治則任法，失法則任兵，以求無事，不以取強。取強，則柔者反能服之。《尹文子・大道下》

一樣，就得有良好的「編組」；指揮大部隊作戰像指揮小部隊一樣得心應手，就得運用「號令」；三軍雖受敵人攻擊卻不會挫敗，就要交互運用「奇正」；攻擊敵人有如以石擊卵，就得「以我之實攻敵之虛」——以我的強處攻擊敵人的弱點！❹

作戰若沒有施展計謀的空間，就得回到基本面，以「正兵」和敵人作戰。所謂「正兵」，就是挑選精銳的士卒，使用有效的兵器軍械，信賞必罰公正嚴明，號令讓人信服，正面迎敵，一邊作戰一邊向前推進，這樣就可以得到勝利。「正戰」是可長可久的打法，所以兵法說：不用正兵，怎能遠征克敵？❺

而所謂「奇戰」，則是攻其無備，出其不意，使出敵人料想不到、一時之間難以因應的打法。交戰時驚前掩後、衝東擊西，使敵人防不勝防，這樣就可以得到勝利。所以兵法說：敵人如有弱點，一定要出奇招，攻其無備，出其不意。❻

奇還有另一種意涵。「奇」的讀音如「機」，意思也一樣。由言詞上考究，古代的陣數有九，四為正，謂天、地、風、雲四陣，四為奇，謂龍、虎、鳥、蛇四陣，其餘剩下奇零之兵，將帥自己掌握以為中軍，所以名之為「握機」。❼

❹孫子曰：凡治眾如治寡，分數是也。鬥眾如鬥寡，形名是也。三軍之眾，可使必受敵而無敗者，奇正是也。兵之所加，如以碫投卵者，虛實是也。《孫子兵法・兵勢第五》

❺凡與敵戰，若道路不能通，糧餉不能進，計謀不能誘，利害不能惑，須用正兵。正兵者，揀士卒，利器械，明賞罰，信號令，且戰且前，則勝矣。法曰：「非正兵，安能致遠？」《百戰奇略・正戰第四十二》

❻凡戰，所謂奇者，攻其無備，出其不意也。交戰之際，驚前掩後，衝東擊西，使敵莫知所備，如此則勝。法曰：「敵虛，則我必為奇。」《百戰奇略・奇戰第四十一》

❼靖曰：「奇音機，故或傳為機，其義則一。考其詞云：『四為正，四為奇，餘奇為握機。』」《唐太宗李衛公問對・卷上》

「奇」是餘零之數，因此讀為「機」。用兵就是要運用機謀，而機謀在哪？就是要運籌帷幄，善用奇兵！正兵是國君所授予，十萬、二十萬之眾的征伐之師；奇兵則可能是精銳的突擊隊，也可能是老弱殘兵、小兵立大功，全憑將帥的掌握戰場狀況、發號施令，視將帥意志隨機的運用發揮！❽

《六韜・龍韜》中有〈奇兵〉一章，記載姜太公對周武王所問「凡用兵之道，大要何如？」的回答，認為首要掌握當時突發的狀況，列出了二十六項針對兩軍對陣不同狀況的戰術：由第一項所謂放任士卒在行列間亂走的，是想以變詐的方法來誘騙敵人，到第二十六項所謂深掘壕溝，高築壁壘，多儲糧食的，是想打持久戰。❾

顧名思義，所列的二十六項作戰方法應該都算奇兵。雖說奇兵是應機而生，但是在什麼狀況、什麼時機該用什麼奇招對應，不能只靠自己沒頭沒尾、上窮碧落下黃泉地苦想，基本功還是該熟習兵法中羅列的各種奇兵招數，以充實自己的兵學資料庫。

作戰的奇兵之招要這樣學，應對人生、學業、職場、事業各種問題的奇兵之招也得這樣學——學習前人留傳下來的經驗和知識。

❽ 奇，餘零也，因此為機。臣愚謂兵無不是機，安在乎握而言也？當為餘奇則是。夫正兵受之於君，奇兵將所自出者也。《唐太宗李衛公問對・卷上》

❾ 夫兩陳之間，出甲陳兵，縱卒亂行者，所以為變也。深草蓊翳者，所以遁逃也。谿谷險阻者，所以止車禦騎也。隘塞山林者，所以少擊眾也。坳澤窈冥者，所以匿其形也。清明無隱者，所以戰勇力也。疾如流矢，擊如發機者，所以破精微也。詭伏設奇，遠張誑誘者，所以破軍擒將也。四分五裂者，所以擊圓破方也。因其驚駭者，所以一擊十也。因其勞倦暮舍者，所以十擊百也。奇技者，所以越深水、渡江河也。強弩長兵者，所以踰水戰也。長關遠候、暴疾謬遁者，所以降城服邑也。鼓行讙囂者，所以行奇謀也。大風甚雨者，所以搏前擒後也。偽稱敵使者，所以絕糧道也。謬號令，與敵同服者，所以備走北也。戰必以義者，所以勵眾勝敵也。尊爵重賞者，所以勸用命也。嚴刑重罰者，所以進罷怠也。一喜一怒，一予一

何時該正？何時該奇？

正兵，奇兵，各要用在什麼時候？作戰時，以正兵迎敵，以奇兵取勝。正兵以正規的方法整然實施，自然立於不敗；奇兵以非常的手段出敵意表，便能抓住敵人瞬間暴露弱點的機會而致勝！❿

出征必以正兵，唐太宗出征高麗就是一例。太宗時，高麗幾次侵略新羅，並且拒絕接受唐朝的詔書，衛國公李靖向太宗請兵三萬，出征以擒回高麗蓋蘇文。太宗問李靖：「只有區區三萬兵馬往遠地出征，要用什麼辦法？」李靖答：「一定要用正兵。」太宗接著問，為什麼過去平突厥時用奇兵，今天要定高麗卻說要用正兵？李靖的回答，引了蜀漢諸葛亮七擒孟獲的例子，認為諸葛亮能夠七擒孟獲讓他臣服，用的就是正兵，出征高麗也是一樣，非用正兵不能成功。⓫

字裡行間沒明白寫出來的是：討伐孟獲和出征高麗都是以義舉兵，堂堂正正之師，長途跋涉，自當先守住基本面，所以必以正兵出征。

奪，一文一武，一徐一疾者，所以調和三軍，制一臣下也。處高敞者，所以警守也。保險阻者，所以為固也。山林茂穢者，所以默往來也。深溝高壘，積糧多者，所以持久也。」《六韜．龍韜．奇兵》

❿ 凡戰者，以正合，以奇勝。故善出奇者，無窮如天地，不竭如江河。《孫子兵法．兵勢第五》

⓫ 太宗曰：「兵少地遙，以何術臨之？」靖曰：「臣以正兵。」太宗曰：「平突厥時，用奇兵，今言正兵，何也？」靖曰：「諸葛亮七擒孟獲，無他道也，正兵而已矣。」《唐太宗李衛公問對．卷上》

奇正的關係

兵書常常把奇、正相提並論，互為比較，且讓我們來看看。

一、正兵基本面，無正難有奇

如上所述，正、奇兩者間，正是基本，必不可少；奇則靠掌握敵人敗亡之機而動，必伺機而生，不能無中生有！

所以善於用兵的將領，訓練部隊，教正而不教奇，指揮軍隊作戰時就像驅趕羊群，和他們同進同退，士卒是不知其所以然的。⑫

教正而不教奇，是因為施展奇兵，端視掌握敵人敗亡之機而動，沒有一定的法則，所以無從教起！

二、正兵在敵動之前，奇兵在敵動之後

早下決心，先有定謀是很重要的。如果計謀不曾先有定奪，考量之事沒有早做決定，前進後退就無法確定，疑惑之心一生，就註定要失敗了。所以以正兵作戰，貴在先於敵人進行攻擊；以奇兵作戰，則貴在後於敵人才進行攻擊。如果有奇兵在前、正兵在後的例

⑫ 古人善用兵者，教正不教奇，驅眾若驅群羊，與之進，與之退，不知所之也。《唐太宗李衛公問對・卷中》

外情況，那是配合外在情勢所做因敵致勝的改變。世代為將卻不知道此一兵法要領的人，奉到命令就前進，仗恃勇敢就不講謀略地搶先攻擊，沒有不失敗的！⓭

三、正兵奇兵配置一定比例

面對敵人，面對挑戰，隨時準備正、奇之用。李靖曾提到，三國時代的曹操主張使用正、奇兵力和資源時可以預做如下的配置：當自己兵力是敵人兵力的一倍，可以分兵力的一半為正兵，另一半為奇兵。當自兵是五、敵兵是一，可以三為正兵，二為奇兵。但是奇正在戰場上的變化無窮，上述正、奇兵力和資源的配置能平素就精準分配，恐怕只在教閱場上才能做到，因此當做參考就好。⓮

為將者如果不熟悉戰術戰略，就不可以和他談論與敵人作戰的事；如果不能指揮調動部隊分合進退，就不能和他談論以奇兵制敵的事；如果不通曉整亂治譁的方法，就不能和他談論奇謀詭計變化的事。⓯

迅速將配置為正兵、奇兵的部隊分合進退，是奇兵變正兵、正兵變奇兵，奇正相生變化莫測的先決條件。

⓭夫蚤決先敵，若計不先定，慮不蚤決，則進退不定，疑生必敗。故正兵貴先，奇兵貴後，或先或後，制敵者也。世將不知法者，專命而行，先擊而勇，無不敗者也。《尉繚子・勒卒令第十八》

⓮靖曰：「按曹公《新書》曰：『己二而敵一，則一術為正，一術為奇；己五而敵一，則三術為正，二術為奇。』此言大略耳。……是以，素分者，教閱也；臨時制變者，不可勝窮也。」《唐太宗李衛公問對・卷上》

⓯故曰：不知戰攻之策，不可以語敵。不能分移，不可以語奇。不通治亂，不可以語變。《六韜・龍韜・奇兵》

四、正兵戰略，奇兵戰術

國家的政令素為人民所遵守，在這種狀況下，教人民出征，人民是心悅誠服的。正兵是國君所授予的，將帥領兵從事國家征伐的事，這種受之於君的兵，就是正兵，是軍政之兵，是戰略之兵。⑯

軍事行動不能預先說明，將帥在戰場上作戰可以不接受國君傳達的命令。奇兵的運用，是將帥依據戰場狀況而判斷決定的，分合變通，完全聽命於將帥，就是奇兵，是軍令之兵，是戰術之兵。⑰

五、正兵一本，奇兵無盡

正兵只有一本，就是舉正義之師，光天化日下堂堂正正攻擊迎戰。其他的，不論由側翼攻擊、背後攻擊、包夾埋伏、夜襲、火攻、水淹，都是奇兵；甚至於帶來勝利的退卻，也可以稱為奇兵。

唐太宗在霍邑打敗宋老生的戰役中，初交鋒時，高祖和長子建成抵擋不住宋老生的攻擊，往後退卻，太宗親率騎兵由南邊衝擊宋老生，將其兵馬截為兩段，因而活捉了宋老生。對太宗所問：「這是正兵？還是奇兵？」李靖回答：「討伐出戰宋老生是正，建成墜馬，右軍稍稍退卻，則是奇兵。」⑱

⑯ 法曰：「令素行以教其民者，則民服。」此受之於君者也。《唐太宗李衛公問對・卷上》

⑰ 又曰：「兵不豫言，君命有所不受。」此將所自出者也。《唐太宗李衛公問對・卷上》

⑱ 靖曰：「……自黃帝以來，先正而後奇，先仁義而後權譎。且霍邑之戰，師以義舉者，正也；建成墜馬，右軍少卻者，奇也。」《唐太宗李衛公問對・卷上》

李靖認為兵以前向為正，後退為奇。霍邑之戰，因為右翼退卻，誘得宋老生揮軍東進，讓太宗能由南方斷其兵馬，正是由正兵轉為奇兵！19

不出所當出，出所不當出；不攻所當攻，攻所不當攻；不專主乎一軍，正兵之外有兵，無兵之處皆兵：此為奇兵的三個要領。挖空心思想出奇兵者，循此三要領而想，奇兵不可勝數！20

奇正相生，變化莫測

奇正的運用，不只在於會運用正兵、奇兵，更高明是能因應外在環境的變化，迅速由正轉奇、由奇轉正。李靖就曾評論：自己妻舅韓擒虎用兵已能掌握奇正的奧妙，可惜的是，他的奇兵就是奇兵，正兵就是正兵，還不能做到奇兵變正兵、正兵變奇兵，奇正循環無窮的境界。21

想想看，當正兵、奇兵能夠相互轉換，則在戰場上所能產生的奇正變化組合，真可多到數也數不清了！22

最厲害的奇正之變是：讓敵人誤以為我方的正兵是奇兵，讓敵

19 靖曰：「凡兵以前向為正，後卻為奇。且右軍不卻，則老生安致之來哉？法曰：『利而誘之，亂而取之。』老生不知兵，恃勇急進，不意斷後，見擒於陛下。此所謂以奇為正也。」《唐太宗李衛公問對・卷上》

20 善用兵者，不出所當出，出所不當出。……善用兵者，不攻所當攻，攻所不當攻。……善用兵者，不專主乎一軍，正兵之外有兵，無兵之處皆兵。……此三奇者，必勝之兵也；少可勝眾，弱可勝強。《潛書・下篇下・五形》

21 太宗曰：「卿舅韓擒虎，嘗言卿可與論孫、吳，亦奇正之謂乎？」靖曰：「擒虎安知奇正之極，但以奇為奇，以正為正耳！曾未知奇正相變，循環無窮者也。」《唐太宗李衛公問對・卷上》

22 戰勢不過奇正，奇正之變，不可勝窮也。奇正相生，如環之無端，孰能窮之？《孫子兵法・兵勢第五》

人誤以為我方的奇兵是正兵。這就是孫子所說的「形人」——掌握主動或是寫劇本讓敵人照著演。而自己以奇為正，以正為奇，變化莫測，應該就是孫子所說的「無形」吧！㉓

這是奇正相生的最高境界：看似奇實為正，敵人誤以為我出奇兵，我卻以正兵攻之；看似正實為奇，敵人誤以為我出正兵，我卻以奇兵擊之。這樣就使得敵人錯愕而忙於因應，弱點頻現，而我方照著自家的劇本操作，以逸待勞，沒有任何弱點！㉔

善於用兵的將領，會用正兵，也會用奇兵，而究竟用的是正兵還是奇兵，更讓敵人猜不透。所以他們打仗，正兵也勝，奇兵也勝；所統領的士卒，只知道聽從號令、分合進退、盡力取勝，卻不知道致勝的謀略究竟是什麼？為將者若不能把分合進退的變化融會貫通，哪能通曉奇正相生的奧妙呢？李靖認為，分合進退是怎樣來的？為什麼要分合進退？只有《孫子兵法》的作者孫武知道得最清楚，自吳起以後的兵家，沒有人比得上孫武！㉕

為將帥者，只會用正兵卻不會用奇兵，是守將；只會用奇兵卻不會用正兵，是鬥將。只有奇兵、正兵都使用得法的將帥才算周全，才是輔佐國家的棟梁。㉖

㉓ 太宗曰：「吾之正，使敵視以為奇；吾之奇，使敵視以為正。斯所謂『形人』者歟？以奇為正，以正為奇，變化莫測。斯所謂『無形』者歟？」《唐太宗李衛公問對・卷上》

㉔ 太宗曰：「以奇為正者，敵意其奇，則吾正擊之；以正為奇者，敵意其正，則吾奇擊之。使敵勢常虛，我勢常實。」《唐太宗李衛公問對・卷中》

㉕ 靖曰：「善用兵者，無不正，無不奇，使敵莫測。故正亦勝，奇亦勝。三軍之士，止知其勝，莫知其所以勝，非變而能通，安能至是哉？分合所出，惟孫武能之，吳起而下，莫可及焉。」《唐太宗李衛公問對・卷上》

㉖ 凡將，正而無奇，則守將也；奇而無正，則鬥將也；奇正皆得，國之輔也。是故握奇、握機，本無二法，在學者兼通而已。《唐太宗李衛公問對・卷上》

現代版的奇正之術

兵法中的道理運用在戰場之外，奇正之術可能是最多、最廣的，而且是奇正相生所有的內涵都應用得上。只舉兩例，便知此言不假。

例一：在商場上，經營企業的日常營運是正兵，購併其他企業是奇兵。平時以正兵經營企業，遇到市場突發的時機，則以奇兵購併手法出擊，這是抓住機會擴張企業版圖的常用手段，不能忽視。

但同時要顧到的是：必須先有正兵，已經有經營穩固的企業，否則奇兵所出無據，則購併之舉必淪為財務遊戲。畢竟正兵是本，企業日常營運是本，奇要看機，企業購併不是天天能有的；因此投入本業和購併的時間資源必定有其適當比例，可以兵法闡述的奇正兵力資源比例做為參考。

例二：男女交往到了論及婚嫁的階段，近年流行男方想出奇招向女方求婚：有在高樓大廈外掛個大海報「ＸＸ，嫁給我吧！」；有看電影看了一半，突然插入男方自行拍攝的求婚短片；有在公共場合突然跪下求婚，加上旁邊一堆親友團搖旗吶喊助陣幫腔的。這些奇兵，讓女孩子感動得熱淚盈眶，當場「我願意！」

但別忘了，奇兵不能沒有正兵而獨存，婚姻的正兵——兩人共同生活的條件和基礎——絕對不可缺少。沒有正兵，奇兵不能常勝！求婚花招的奇兵，在時機正好時可以贏得美人歸，卻也不是天天可用、時時能用的！

奇正是因應敵人虛實的手段；敵人實，抓不出任何弱點，則我必定中規中矩、四平八穩，以正兵和他作戰；敵人虛，看到了他的弱點，則我必定施出奇策，以奇兵破他弱點而取勝。為將帥者若不懂得奇正，胸中沒有各種奇招，即使知道了敵人的虛實，認出了敵人的弱點，又有什麼用？李靖因此結論：奉太宗之命，教導眾將兵法，他只要教他們奇正，眾將學會了奇正，自然能分辨敵之虛實，能觀察出敵人有什麼弱點了。[27]

三十六計：六套奇計

學習奇正之術，除了領悟本篇所載的道理要領，更要多熟悉奇兵的招數。《六韜．龍韜．奇兵》所列的二十六項奇兵也許與古代

[27] 靖曰：「奇正者，所以致敵之虛實也。敵實則我必以正，敵虛則我必為奇。苟將不知奇正，則雖知敵虛實，安能致之哉？臣奉詔，但教諸將以奇正，然後虛實自知焉。」《唐太宗李衛公問對．卷中》

戰場關聯太強，還需要轉折衍生才能今用。中國人耳熟能詳的，小說、電影、戲劇中常引用的「三十六計」，就更容易穿越時空、用在當今了！仔細看看，它們都是「奇計」，都是「奇兵」。我們可以將之分為六套：

第一套：勝戰計

第一計：瞞天過海　第二計：圍魏救趙

第三計：借刀殺人　第四計：以逸待勞

第五計：趁火打劫　第六計：聲東擊西

第二套：敵戰計

第七計：無中生有　第八計：暗渡陳倉

第九計：隔岸觀火　第十計：笑裡藏刀

第十一計：李代桃僵　第十二計：順手牽羊

第三套：攻戰計

第十三計：打草驚蛇　第十四計：借屍還魂

第十五計：調虎離山　第十六計：欲擒故縱

第十七計：拋磚引玉　第十八計：擒賊擒王

第四套：混戰計

第十九計：釜底抽薪　第二十計：混水摸魚

第二十一計：金蟬脫殼　第二十二計：關門捉賊

第二十三計：遠交近攻　第二十四計：假途伐虢

第五套：並戰計

第二十五計：偷梁換柱　第二十六計：指桑罵槐

第二十七計：假癡不顛　第二十八計：上屋抽梯

第二十九計：樹上開花　第三十計：反客為主

第六套：敗戰計

第三十一計：美人計　第三十二計：空城計

第三十三計：反間計　第三十四計：苦肉計

第三十五計：連環計　第三十六計：走為上

由三十六計的計名，幾乎就可以揣摩出一個又一個必須以計謀因應的情境，也就是敵我虛實的狀況。這樣由因應的奇正手段，回推局勢環境，正如李靖所言，當真不難！真是學好奇正，虛實自知！

奇攻不成，再復爲正！

西方管理學中的「兩門下注、雙管齊下」（Double betting）或是「留下選擇的空間」（Keep options open），講的是在做決策時不要獨押一門，而要押兩門——甚至多門，以便在局勢不變時可以另有作為。[28]

兩門下注、雙管齊下或是留下選擇的空間，有一點奇正的味道，但是奇正比這兩種觀念複雜奧妙多了！

在本篇首段的故事中，老摩根使出奇兵，出其不意要求珠寶商降價，所圖的是珠寶商接受那張四千美元的支票，退還密封的盒子，讓老摩根以折價二〇％拿下珍珠圍巾別針。在實際的發展中，珠寶商雖然撕掉了四千美元的支票，沒有讓老摩根的奇兵得逞，但是老摩根同時還有正兵在手，以藏在密封盒子中的另一張五千美元支票，完成了珍珠圍巾別針的付款。

老摩根的做法就是「奇攻不成，再復為正」！就是咱中國兵法「奇正相生」的道理！

[28] The fork in the road – Transition Risk and the Secret of Double-Betting. —— *The Upside*

第六篇之一

虛實難分

分辨真假可是一門特難的功夫，超大的學問！

假做真時真亦假，假去真來真勝假。

真假是相互造就的，沒有假，就沒有真。

真不怕假，假也取代不了真，

想分辨真假虛實，要有怎樣的認知？

有相皆是虛妄，唯一的真，是道、是一。

真假難分，虛實難辨

前一篇論奇正，本篇要以三個子篇續談經典對虛實幾個不同涵意的說法：第一，真假虛實的虛實；第二，實腹虛心的虛實；第三，避實擊虛的虛實。

一般以虛為假的代名詞，實為真的代名詞。真、假是很難分的。也許科學上有真、假，可以分得清楚；但略懂世故或是學佛修道的人都會認同真、假難分。而真真假假、亦真亦假、虛虛實實、亦虛亦實，有人就認為《石頭記》——又名《紅樓夢》——這本說道論佛的奇書，道破了真假的關聯。

第一回中的偈言「假做真時真亦假」隱含了道家的修「真」，「無為有處有還無」講的則是佛家的「空」。佛老之學融為一體，包含了兩大家的法理，也應了佛家「凡所有相，皆是虛妄」的識言。世人以假當真，以無當有，悲也！❶

而最後一回中的偈言「假去真來真勝假，無原有時有非無」，則又點明了：人看破假相後的境界才是真正的「真」；至此，虛假變真實，虛無變實有！❷

【典籍出處】

❶ 假做真時真亦假，無為有處有還無。《石頭記・第一回》

❷ 假去真來真勝假，無原有時有非無。《石頭記・第一百六十回》

可憐！可嘆！世上鮮少有人能分得出真假！分辨真假可是一門特難的功夫，超大的學問！世人難辨真假，所以才誤判價值，對假的東西汲汲營營地追求！世上只有一件真的東西是為鬼神把握、受風雷呵護的；天地沒它不能發育，聖人沒它不能與天地調和互動；朽腐得了它可化為神奇，鳥獸得了它可成為精怪！世人要說、要學，其實都該說、該學這真正的寶貝！❸

唯一的眞是道、是一

只是那寶貝、那唯一真的東西又是什麼呢？應該指的是咱中國經典常常提到的「道」，或是《道德經》所稱由「道」所生，名之為「一」的東西。❹

「一」有什麼神奇寶貴？《道德經》講得清楚明白。

能得「一」的結果：天空得「一」而清虛，大地得「一」而安穩，神祇得「一」而顯靈，江河得「一」而流水，萬物得「一」而生長，王侯得「一」而天下歸正。推而言之：天空若不清虛，恐怕就要裂開了；大地若不安穩，恐怕就要塌陷了；神祇若不顯靈，恐

❸ 能辨真假是一種大學問。世之所抵死奔走者，皆假也。萬古惟有真之一字磨滅不了，蓋藏不了。此鬼神之所把握，風雷之所呵護；天地無此不能發育，聖人無此不能參贊；朽腐得此可為神奇，鳥獸得此可為精怪。道也者，道此也；學也者，學此也。《呻吟語・問學》

❹ 道生一，一生二，二生三，三生萬物。《道德經・第四十二章》

怕就要消失了；江河若不流水，恐怕就要乾枯了；萬物若不生長，恐怕就要滅絕了；王侯不能使天下歸正，恐就怕要仆倒不起了。❺

以上說盡了「一」的神奇寶貴，稱為唯一的真，良有以也！

眞假對應，相互成就

真、假是相對應的。沒有真，就無所謂假，是真造就了假；沒有假，就無所謂真，是假造就了真。

而在五代十國的後唐、後晉、後漢、後周四朝和契丹都做過官，在六個皇帝手下做過宰相、自號「長樂老」的馮道，著有《榮枯鑒》一書，談論混亂世道下的生存之道，雖難納入經典之列，但對「真、假」有赤裸裸的分析，值得一看。

沒有假，就沒有真。真不怕假，假也取代不了真，怕只怕在人不能分辨真假。虛假得不夠，會為自己帶來災禍；真實得無所顧忌，就讓人嫌惡。順從主上，虛假不算有過；忤逆主上，真實也會有罪。有所要求，最忌諱直接索討，迂迴委婉就能得到；拒絕別人，最忌公開表示，婉轉曲折才能沒有過失。❻

❺ 昔之得一者：天得一以清，地得一以寧，神得一以靈，谷得一以盈，萬物得一以生，侯王得一以為天下貞。其致之一也，天無以清，將恐裂；地無以寧，將恐發；神無以靈，將恐歇；谷無以盈，將恐竭；萬物無以生，將恐滅；侯王無以貞而貴高，將恐蹶。《道德經．第三十九章》

❻ 無偽則無真也。真不忌偽，偽不代真，忌其莫辨。偽不足自禍，真無忌人惡。順其上者，偽非過焉。逆其上者，真亦罪焉。求忌直也，曲之乃得。拒忌明也，婉之無失。《榮枯鑒．示偽第八》

忠誠主導仁義，君子的仁義是不背棄故舊；仁義主導行為，小人的行為是忘恩負義。君子困頓時，不會以不正當手段惑人而背棄故舊，小人顯達時，則會背棄主上，這是因為人的虛假，與身處困達與否無關。❼

不拘泥於世俗的禮俗，不是虛假；在已經偏離了原意的事上遵守承諾，不算守信；狀況不同，人情道理就不同了！❽

眞，摻不得假

名實要相符。虛幻的名聲，是老天爺所忌的，矯情虛假的人貪圖它，潛心修道的人瞭解真相，就知道要避開它！❾

西方有這麼個說法：誠實和懷孕的共同點在於只有「誠實」、「不誠實」和「懷孕了」、「沒懷孕」，而沒有「有點誠實」、「有點不誠實」和「有點懷孕」、「有點沒懷孕」的說法。❿

真假也是一樣，要嘛，就是真，要嘛，就是假；所謂半真半假是錯誤的說法，半真半假不是真，就是假！

真心為真，為實，摻有一點他念就不真了。《呻吟語》的作者

❼ 忠主仁也，君子仁不棄舊。仁主行也，小人行弗懷恩。君子困不惑人，小人達則背主，偽之故，非困達也。《榮枯鑒・示偽第八》

❽ 俗禮不拘者非偽，事惡守諾者非信，物異而情易矣。《榮枯鑒・示偽第八》

❾ 名實如形影。無實之名，造物所忌，而矯偽者貪之，闇修者避之。《呻吟語・品藻》

❿ Honesty is like pregnancy; either you are or you ain't. —— *The Lost Art of the Great Speech*

呂坤認為：所謂的「假」，不只限於言行，還要論心。心中想著為人民謀福祉，若摻雜了一點為自己累積功德的私念，便是假；心中想著為善，若摻雜了一點求知的私念，便是假；道理上該做十分，若爭到了還差一毫而停，便是假；汲汲向義，若有二三心，便是假；白天所為皆善，若晚上作夢有邪惡之念，便是假；心中只有九分，若外表卻裝得像是十分，便是假。⓫

為什麼要設立這樣的高標準呢？呂坤說得好：這些假，如果不除去，影響所及，就會把「假」意、「假」念由心頭慢慢帶到言行上！⓬

所以，不可不慎！不可不提高標準，要在心上做到真！

眞，無需修飾

真不需要修飾，修飾就假了；真的情誼不需要修飾，修飾的交誼就是假情假意。家人父子間不曾互相禮讓就登堂入座，不是簡慢；不相互勸食而飽食，不是好吃，這是真。要知道：等別人禮讓後才登堂入座，而後也會有等別人禮讓後還是不登堂入座的；等別

⓫用三十年心力，除一個偽字不得。或曰：「君儘尚實矣。」余曰：「所謂偽者，豈必在言行間哉？實心為民，雜一念德我之心便是偽；實心為善，雜一念求知之心便是偽；道理上該做十分，只爭一毫未滿足便是偽；汲汲於向義，才有二三心便是偽；白晝所為皆善，而夢寐有非僻之干便是偽；心中有九分，外面做得恰像十分便是偽。」《呻吟語・存心》

⓬「此獨覺之偽也，余皆不能去，恐漸漬防閑，延惡於言行間耳。」《呻吟語・存心》

人勸食後才吃飽，而後也會有等別人勸食後還是不吃飽的，兩者都是文飾啊。廢棄文飾固然不符禮數，但若文飾掩蓋了真實的本質，也是賊害了禮，那是君子所不推崇的！⓭

《文子・九守》有「守真」一段，可用來瞭解什麼是真。

所謂的聖人，適應人情表達自己，依肚子餓不餓而吃飯，考量外形而穿衣，凡事都守著節度做事，不會產生貪汙之心。所以能得天下的人，一定不是時時以得天下為念；能享有名譽的人，一定不會逾越應有的行為而強求。他有發乎至誠合乎性命的感情，仁義也因此而生。⓮

這樣的人，精神不被掩蔽，心靈沒有負擔，通曉洞察而條理暢達，態度從容平靜無事，權勢利益不能誘惑他，聲色不能淫溺他，善辯的人不能說服他，聰明的人不能鼓動他，驍勇的人不能使他恐懼。這就是真人的人生啊！生生者不生，化化者不化，未曾通達了悟這個道理的人，即使知識涵蓋天地，明察日月的運行，辯說能解連環，辭藻能潤金石，對天下也不會有所助益。⓯

這，就是聖人所持守而不會失去的真；能做到這樣，就是「真人」了！

⓭ 真器不修，修者偽物也；真情不飾，飾者偽交也。家人父子之間不讓而登堂，非簡也；不侑而飽食，非饕也，所謂真也。惟待讓而入，而後有讓亦不入者矣；惟待侑而飽，而後有侑亦不飽者矣，是兩修文也。廢文不可為禮，文至掩真，禮之賊也，君子不尚焉。《呻吟語・談道》

⓮ 夫所謂聖人者，適情而已。量腹而食，度形而衣，節乎己而，貪汙之心無由生也。故能有天下者，必無以天下為也；能有名譽者，必不以越行求之，誠達性命之情，仁義因附。《文子・九守・守真》

⓯ 若夫神無所掩，心無所載，通洞條達，澹然無事，勢利不能誘，聲色不能淫，辯者不能說，智者不能動，勇者不能恐，此真人之遊也。夫生生者不生，化化者不化，不達此道者，雖知統天地，明照日月，辯解連環，辭潤金石，猶無益於天下也，故聖人不失所守。《文子・九守・守真》

人皆知眞之爲眞，斯假矣！

天下人都知道以美為美時，美就不美了，就醜了！都知道以善為善時，善就不善了，就惡了！[16]

這說法乍聽之下好奇怪！舉個例子，你就相信了：在股票市場買賣股票，設立停損點，當股票跌到某個價格或比例時就認賠殺出，是很好的操作手法；但若所有股市投資人都採用同樣的策略，設立同樣的停損點，那市場就大崩盤了！好事就變成壞事了！

其理何在？因為宇宙間的事物是多元的、相互的。有、無相互依存，難、易相互促成，長、短互為比較，高、下互為方向，聲響、回音相互呼應，前、後相互伴隨。[17]

相互對應的，不可能有此無彼。沒有難，就沒有易；沒有長，就沒有短；沒有高，就沒有下。一旦認清天下萬物間所維持的那一個相互平衡的狀態，我們對真、假、虛、實之間的關聯，當有新的體悟。

那就是：別期待所有事物都為真，那是不可能的！當所有事物都真的那一刻，真就不存在了！

[16] 天下皆知美之為美，斯惡已。皆知善之為善，斯不善已。《道德經・第二章》

[17] 故有無相生，難易相成，長短相形，高下相傾，音聲相和，前後相隨。《道德經・第二章》

第六篇之二

實腹虛心

以無應有，以虛受實，無為而無不為。

心不實，不能成事；心不虛，不能容納。
真正的虛，心不受任何事物牽制，
因此道德最高的人沒有作為，
卻沒有任何事不能做成。
虛，正如趨勢大師提出的思考模式：先減才能加，
不空出位子，又怎能加進新的東西？

心虛：納天下的優點

每個人都有一個身、一顆心，這個身要怎麼修？這顆心要怎麼用？

《呻吟語》說得好：心要大，要大到容得下天下的事物；心要虛，要虛到納得了天下的優點；心要公平，要公平到可以評論天下的事件；心要沉潛，要沉潛到可以觀察到天下的道理；心要鎮定，要鎮定到可以因應天下的變化。❶

這心要虛，是一件大有學問的事。心性，又要實，又要虛：不實，沒有內容，不能成事；不虛，不能容納其他，就難以瞭解事物的真諦。❷

無物去執稱為「虛」，無妄有根稱為「實」。一個人在同一時候，又要無物又要無妄，要虛實一體：虛實在同一事上，同一剎那，可以互為表裡、同時存在，這不是賣弄文字，而是人生之道玄之又玄，真是如此！❸

中國人常把「虛心」掛在嘴上，「虛心」和顛倒過來的「心虛」意思不同，「心虛」是心中有弱點，有壞的涵意；「虛心」則是心

【典籍出處】

❶ 大其心容天下之物，虛其心受天下之善，平其心論天下之事，潛其心觀天下之理，定其心應天下之變。《呻吟語・修身》

❷ 不實心，不成事；不虛心，不知事。《小窗幽記・集法篇》

❸ 心要實，又要虛。無物之謂虛，無妄之謂實；惟虛故實，惟實故虛。心要小，又要大。大其心，能體天下之物；小其心，不僨天下之事。《呻吟語・存心》

中無物，沒有「執」、沒有「宥」、沒有偏見、沒有包袱，能容得下別人的話、別人的想法，有好的涵意。

《道德經》中的虛

《道德經》對「虛」、「無」和「空」論述甚多，值得一讀。

一、虛心實腹

聖人治理國家、教化人民，是要使他們內心謙卑，肚子吃飽，血氣淡化，筋骨強壯。常常使人民處於不求知、無所欲的狀態，那麼，即使有賣弄智慧的人，也不能胡作非為了。遵從無為之道，則沒有國家不太平的道理。❹

二、虛而不屈

天地之間，不正像一具冶煉的風箱嗎？虛靜而不窮盡，越動，風越多。話多有失，辭不達意，不如適可而止。❺

❹ 是以聖人之治，虛其心，實其腹，弱其志，強其骨。常使民無知無欲。使夫知者不敢為也。為無為，則無不治。《道德經・第三章》

❺ 天地之間，其猶橐籥乎？虛而不屈，動而愈出。多言數窮，不如守中。《道德經・第五章》

三、虛空有用

車輪上三十根輻條，連集到車軸穿過的圓木上，正因為圓木上有空的地方，對車子才有用。揉合黏土製成器皿，正因為有空的地方，器皿才有裝盛容納的用處。房屋安裝窗戶，正因為窗戶有空，光線才進得來，對房屋才有用處。「有」對人們之所以有利益，正是因為「無」所提供的功用啊！❻

四、虛不欲盈

古代善於修道的人，精微、奧妙、玄遠、通達，他深涵於道，讓別人難以窺探其內在。正因為深涵於道，難以窺探，因此只能勉強地描述他的舉止外觀。❼

他遲疑審慎，一如冬天涉過河川上的薄冰；他猶疑拘謹，一如畏懼四鄰的窺伺；他莊敬恭謹，一如接待賓客；他去除執著，一如冰雪消融；他敦厚樸實，一如未刨的原木；他胸懷寬廣，一如幽深山谷；他渾淪不分，一如混濁之水。❽

由上述這七種形容，我們可以想像模擬出那善為道者微妙玄通、深不可識的模樣。

❻三十輻，共一轂，當其無，有車之用。埏埴以為器，當其無，有器之用。鑿戶牖以為室，當其無，有室之用。故有之以為利，無之以為用。《道德經．第十一章》

❼古之善為士者，微妙玄通，深不可識。夫唯不可識，故強為之容。《道德經．第十五章》

❽豫兮若冬涉川，猶兮若畏四鄰，儼兮其若客，渙兮若冰之將釋，敦兮其若樸，曠兮其若谷，渾兮其若濁。《道德經．第十五章》

誰能讓那混濁波動的水逐漸歸於寧靜，慢慢變得清澈；誰能讓它安歸於靜又再慢慢啟動、徐徐生長。持守著道的人，懂得不自滿，而正因為不自滿，所以能去舊更新。❾

老子的神龍不現首尾，與他在《道德經》中描述善為道者的舉止是一模一樣的。因為懂得「虛」的真諦，所以不盈，所以不自滿！

五、致虛極，守靜篤

內心虛化到極致，持守安靜到純一。這樣，就能在萬物的蓬蓬勃勃中看出來龍去脈。萬物紛紜百態都復歸其本根，回到本根就叫平靜安息，平靜安息便是復歸真生命。復歸真生命便是永恆，認識永恆便是光明。不識永恆，就會任意妄為，後果凶險。❿認識永恆，就能萬事包容；萬事包容，就能公義坦蕩；公義坦蕩，則為完全人；完全人，則與天同；與天同，就歸入道；歸入道，即可長久，即使肉身消失，依然平安無恙。⓫

虛化而致虛極，是歿身不殆的起始。

❾ 孰能濁以止，靜之徐清，孰能安以久，動之徐生。保此道者不欲盈，夫唯不盈，故能蔽而新成。《道德經・第十五章》

❿ 致虛極，守靜篤。萬物並作，吾以觀其復。夫物芸芸，各歸其根。歸根曰靜，靜曰復命。復命曰常，知常曰明，不知常，妄作凶。《道德經・第十六章》

⓫ 知常容，容乃公，公乃王，王乃天，天乃道，道乃久，歿身不殆。《道德經・第十六章》

六、大盈若沖，表現如虛

那完善至極的，看起來似有欠缺，實則永不敗壞。那豐盈四溢的，看起來似如虛無，實則用之無窮。最正直的好像彎曲，最聰明的好像愚拙，最善辯的好像木訥。安靜勝於躁動，一如寒冷抵禦炎熱。唯有清靜，是天下的正道。⓬

即使我們胸有韜略，文才滿腹，但大盈若沖，我們仍應該表現如虛。

眞正的虛不受事物牽制

《韓非子》有〈解老〉、〈喻老〉兩篇，對老子的《道德經》做了相當多的詮釋，包括什麼是「虛」。

對沒有作為和沒有思慮的人，推崇他為「虛」，是認為他的心緒不受任何事物的牽制。但那些沒有搞通這點的人，卻刻意以沒有作為和沒有思慮為手段，以求達到「虛」的境界。當人刻意以沒有作為和沒有思慮為手段，以求達到「虛」的境界，他的心裡常常掛念著「虛」，就已經受到「虛」的牽制了。⓭

⓬ 大成若缺，其用不弊。大盈若沖，其用不窮。大直若屈，大巧若拙，大辯若訥。躁勝寒，靜勝熱。清靜為天下正。《道德經・第四十五章》

⓭ 所以貴無為無思為虛者，謂其意無所制也。夫無術者，故以無為無思為虛也。夫故以無為無思為虛者，其意常不忘虛，是制於為虛也。《韓非子・解老》

真正的「虛」，心意不受任何事物牽制。一旦受到「虛」的牽制，那就「不虛」了。真正「虛」的人，他的無為，是不把無為放在心上；不把無為放在心上，才是真正的「虛」。真正的「虛」，道德自然完美，道德完美，就是道德最高的人，所以老子說：「道德最高的人沒有作為，卻沒有任何事不能做成。」⑭

大清明：虛壹而靜

《荀子》有一篇〈解蔽第二十一〉，教人如何不被執著、偏見、知識、罣愛等包袱所蔽塞，認為這要靠「虛壹而靜」才能做到；對什麼是虛、什麼是壹、什麼是靜有精彩的說明。

人怎麼能夠知道？因為人有心。心怎麼能夠知道？因為虛壹而靜。心未嘗沒有收藏著東西，然而有所謂「虛」，所以不礙事；心未嘗不同時兼知，然而有所謂「一」，所以不礙事；心未嘗不動，然而有所謂「靜」，所以不礙事。⑮

人生而有知識，有知識就有記憶，記憶就是收藏；然而有所謂「虛」，不以心識所藏的事物妨害將接受的事物，這就叫「虛」。⑯

⑭ 虛者，謂其意無所制也。今制於為虛，是不虛也。虛者之無為也，不以無為為有常。不以無為為有常則虛，虛則德盛，德盛之謂上德。故曰：「上德無為，而無不為也。」《韓非子・解老》

⑮ 人何以知道？曰心。心何以知？曰虛壹而靜。心未嘗不臧也，然而有所謂虛；心未嘗不滿也，然而有所謂一；心未嘗不動也，然而有所謂靜。《荀子・解蔽第二十一》

⑯ 人生而有知，知而有志，志也者，臧也；然而有所謂虛，不以所已臧害所將受謂之虛。《荀子・解蔽第二十一》

人心生來就有知識，各種知識相異而不同。相異不同的，可以兼知；兼知相異不同的知識，就是兩也。然而有所謂「一」，就是不以彼一害此一，不因為知道甲而排斥乙，這就叫做「壹」。⑰

心睡覺時就做夢，鬆懈時胡思亂想，使用時則專一思考；所以心未嘗不動，然而有所謂靜，所以不以夢幻煩劇擾亂知識，這就叫做「靜」。還沒得道而在求道的人，則說之以「虛壹而靜」；將要去做，須具備道者的「虛」才能入於道；將要行事，須有道者的「壹」才能盡理；將要思考，須有道者的「靜」才能明察。知道而能明察，知道而能力行，是真正能夠體悟道的人。⑱

虛壹而靜，稱之為大清明。這樣，萬物沒有有形體而不能明見的，沒有可以明見而不能論列的，沒有可以論列而失其位次的。坐在室內就可以明見四海的事物，處在今世就可以知道久遠的事物。洞觀萬物而知道它的情理，驗考治亂而通曉它的制度，經緯天地而裁制主宰萬物，裁制大理而宇宙都可治理好。這樣的人，恢恢廣廣，誰知道他的極限？廣大光明，誰知道他的德有多美？沸騰紛紛，誰知道他的形體是什麼樣？明和日月相參，大到充滿八極，這就稱為大人。這樣的人，又怎麼會蔽塞呢？⑲

⑰心生而有知，知而有異，異也者，同時兼知之；同時兼知之，兩也。然而有所謂一，不以夫一害此一，謂之壹。《荀子・解蔽第二十一》

⑱心臥則夢，偷則自行，使之則謀；故心未嘗不動也，然而有所謂靜，不以夢劇亂知謂之靜。未得道而求道者，謂之虛壹而靜。作之，則將須道者之虛則入，將事道者之壹則盡，盡將思道者靜則察。知道察，知道行，體道者也。《荀子・解蔽第二十一》

⑲虛壹而靜，謂之大清明。萬物莫形而不見，莫見而不論，莫論而失位。坐於室而見四海，處於今而論久遠。疏觀萬物而知其情，參稽治亂而通其度，經緯天地而材官萬物，制割大理而宇宙裡矣。恢恢廣廣，孰知其極？睪睪廣廣，孰知其德？涫涫紛紛，孰知其形？明參日月，大滿八極，夫是之謂大人。夫惡有蔽矣哉！《荀子・解蔽第二十一》

做到「虛」的人，不以心識所藏的事物妨害將接受的事物；再做到「虛壹而靜」，就不會被執著、偏見、知識、罣愛等包袱所蔽塞了！

虛：九守之首，靈之所來

《文子》的第三篇〈九守〉，講的是守虛、守無、守平、守易、守清、守真、守靜、守法、守弱、守樸十個項目；其中第一項就是守虛。

老子是這樣解釋如何才稱得上是「聖人」的：因應天時安處其角色地位，在當世樂於從事其志業。哀樂是侵害德行的邪惡，好憎是疲累人心的負擔，喜怒是有損道業的過失；所以聖人活著時和天的運行相合，死亡之後軀體才物化；靜止不動就和陰合德，活動時就和陽同波；心是形體的主宰，神是心最寶貴的東西；形體勞累而不休息就會跌倒不起，精神使用而不停止就會枯竭。所以聖人遵從這道理而不敢逾越。[20]

以無應有，一定能深究其道理；以虛受實，一定能窮盡其規

[20] 老子曰：所謂聖人者，因時而安其位，當世而樂其業，夫哀樂者德之邪，好憎者心之累，喜怒者道之過，故其生也天行，其死也物化，靜即與陰合德，動即與陽同波。故心者形之主也，神者心之寶也，形勞而不休即蹶，精用而不已則竭，是以聖人遵之不敢越也。《文子・九守・守虛》

範；安靜愉快，持守虛靜，以完成他的天命。沒有特別排斥的，也沒有特別親愛的，全以抱德融和為本，以順於天，與道結交，與德為伴，不為福始，不為禍先，死生都不會影響自己，所以稱為「至神」。所謂「神」，指的是：所求，沒有不來的；所做，沒有不成的。持守著虛，就有這樣的結果！㉑

有獸性、有人性、有靈性、還有神性；何謂靈性？靈性從何而來？虛和靈有什麼關係？㉒

因為虛空，所以靈明。金屬沒有聲音，鑄造成鐘磬則能夠發出聲音；鐘磬能夠發出聲音，但以物塞實就沒了聲音。聖賢之心無所不有，卻又一無所有，所以才能對天下的人事物都有所感應而相通。㉓

無所不有，而又一無所有，這「虛」，就是「靈」之所來！

不虛，不能容；先減，才能加

因為一無所有，所以沒有執著、罣愛、任何的渣滓，能接受一切人事物；因為無所不有，所以踏實、沉潛，沒有絲毫的欠缺。㉔

㉑以無應有，必究其理，以虛受實，必窮其節，恬愉虛靜，以終其命，無所鉅，無所親，抱德煬和，以順於天，與道為際，與德為鄰，不為福始，不為禍先，死生無變於己，故曰至神。神則以求無不待也，以為無不成也。《文子・九守・守虛》

㉒或問：「虛靈二字，如何分別？」《呻吟語・存心》

㉓曰：「惟虛故靈。頑金無聲，鑄為鐘磬則有聲；鐘磬有聲，實之以物則無聲。聖心無所不有，而一無所有，故『感而遂通天下之故』。」《呻吟語・存心》

㉔心要虛，無一點渣滓；心要實，無一毫欠缺。《呻吟語・存心》

心若不虛，則所見、所聽、所思都受到心中執著、罣愛、渣滓的影響所牽制，所作所為必定不靈明公正，必定不能與自然合一，也必定不能符合天公地道。❷❺

世界知名的未來趨勢大師、西方暢銷書《大趨勢》（*Megatrends*, 1982）和《大趨勢二〇〇〇》（*Megatrends 2000*, 1990）的作者約翰・奈思比（John Naisbitt）在二〇〇六年十月曾著書提出未來世界流行的十一項思考模式，其中之一就是：

先減才能加。（Deduct before you add.）

——《Mind Set! 奈思比11個未來定見》

（*Mind Set!—Reset Your Thinking and See the Future*）

想在電腦磁碟上載入更多的新資料，要先清一下磁碟，騰出空間；想把新衣服擺進衣櫃，要先丟掉幾件舊衣服，騰出空間；想要擴大視野、吸收新知，不排除、不壓制既有的定見，難以做到。

不空出位子，不能容納新的東西；不虛，不能容納，咱的老祖宗三千年前就在鼓吹了！

❷❺目中有花，則視萬物皆妄見也；耳中有聲，則聽萬物皆妄聞也；心中有物，則處萬物皆妄意也。是故此心貴虛。《呻吟語・存心》

孔老夫子曾說：一個人即使有周公那樣美好的才能，如果驕傲自大而又吝嗇小氣，那其他方面也就不值得一看了！[26]

做人處世不以虛，則不論有多美、多好的才華，都是故步自封，抱殘自珍，終成死水一灘，難逃失敗，不可不警惕！

[26] 子曰：「如有周公之才之美，使驕且吝，其餘不足觀也已！」《論語・泰伯篇》

第六篇之三

避實擊虛

以正對付敵人的實，以奇對付敵人的虛。

要取得勝利，如以石擊卵般摧毀對手，
靠的是掌握對方的虛實，並對準對方的罩門，
避開對手的強處，攻擊其弱點。
虛虛實實，表裡組合，變化莫測，
要自己寫劇本，讓敵人照著演。
不要讓敵人寫劇本，自己跟著演。

實戰與虛戰

兵法上也講虛實，但是含義不同：兵法上，虛是有弱點的，可以攻擊；實是沒有弱點的，不可以攻擊。

任何事情的成敗、國家的存亡，取決於有沒有弱點，而不在軍隊人數的多寡。❶

虛戰，是自身有弱點的作戰。自身有弱點，就要加以偽裝，表現出沒有弱點的樣子，使敵人測不出我方的強弱，不敢輕易和我方作戰，我方就可以不受損失，甚至全身而退。❷

實戰，就是敵人沒有彰顯弱點的作戰。敵人沒有彰顯弱點，我方不會魯莽出擊，只能嚴陣以待，而敵人也不敢輕易啟戰。❸

用兵打仗能夠得勝而不吃敗仗，靠的是懂得因應狀況，迅速變換使用奇正的戰法；而軍隊出擊能像以石擊卵般摧毀敵人，靠的是掌握敵人的虛實，對準敵人的罩門加以攻擊。❹

向敵人不注意的地方進軍，攻擊敵人意料之外的地方，行軍千里而不疲勞的，靠的是趁敵人沒發現、行軍於沒有人跡的地方就能做到。一進攻就能攻下敵陣獲得勝利，靠的是攻敵之虛、攻擊敵人

【典籍出處】

❶ 安危在是非，不在於強弱。存亡在虛實，不在於眾寡。《韓非子・安危》

❷ 凡與敵戰，若我勢虛，當偽示以實形，使敵莫能測其虛實所在，必不敢輕與我戰，則可以全師保軍。法曰：「敵不得與我戰者，乖其所之也。」《百戰奇略・虛戰第四十三》

❸ 凡與敵戰，若敵人勢實，我當嚴兵以備之，則敵人必不輕動。法曰：「實而備之。」《百戰奇略・實戰第四十四》

❹ 三軍之眾，可使必受敵而無敗者，奇正是也。兵之所加，如以碫投卵者，虛實是也。《孫子兵法・兵勢第五》

疏於防守的弱點。防守而一定能固守的，靠的是固若金湯，敵人不敢來攻。所以，善於進攻的，敵人不知如何防守；善於防守的，敵人不知如何進攻。微妙到敵人見不到我軍的行動，神奇到敵人聽不到我軍的聲息；這樣，就能控制敵人的命運了。❺

避實擊虛的要領

進攻而敵人沒法防禦，是因為我攻擊它空虛的弱點；後退而敵人無法追上，是因為敵人趕不上我的速度。想跟敵人作戰，敵人雖有高壘深溝也不得不和我作戰，是因為我攻擊到敵人不可不救的地方。不想與敵人作戰，畫地而守，敵人也不來攻，是因為我對敵人已經有所牽制。❻

不論是攻敵所必救，或是對敵有所牽制，要使他不來攻我，首在知道敵人的弱點，知道他虛在何處，進而善加利用他的弱點和虛處。

軍隊避實擊虛要像水，繞過堅實，但見縫插針、摧枯拉朽！水的形態由高處流向低處；用兵的形態避實而擊虛。水因地形而變化

❺ 行千里而不勞者，行於無人之地也。攻而必取者，攻其所不守也。守而必固者，守其所不攻也。故善攻者，敵不知其所守；善守者，敵不知其所攻。微乎微乎，至於無形；神乎神乎，至於無聲。故能為敵之司命。《孫子兵法・虛實第六》

❻ 進而不可禦者，衝其虛也；退而不可追者，速而不可及也。故我欲戰，敵雖高壘深溝，不得不與我戰者，攻其所必救也。我不欲戰，畫地而守之，敵不得與我戰者，乖其所之也。《孫子兵法・虛實第六》

流向，兵因應敵人的態勢而取勝。所以用兵沒有一定的態勢，水流沒有一定的形狀，能因應敵人變化而取勝的，就是用兵如神。❼

《孫子兵法》開宗明義就說：「兵者，詭道也。」詭道就是要時時欺騙敵人，盡量造成敵人的困擾；所以做得到要假裝做不到，用要假裝不用，近要假裝遠，遠要假裝近。以利誘敵，敵人混亂就趁機攻取，敵人沒有露出弱點就加強戒備，敵人強大就避開，敵人動怒就加以騷擾。自己顯得卑微使敵人驕傲，自己安逸卻使敵人疲於奔命，自己團結一致卻使敵人分崩離析。在敵人沒想到的時候出手，出手時攻擊敵人沒有防備的地方。這是作戰勝利的方法，但都不是事先預測規劃好的。❽

讀以上這段，不難發現：避實擊虛的要領，常常浮現矣！

虛實的表裡組合變化

一、看似實，正是實

看似實，正是實，通常打不起來！

照著中國兵法所講的攻守原則來走，敵人看來是實，我方沒有

❼夫兵形象水。水之形，避高而趨下；兵之形，避實而擊虛。水因地而制流，兵因敵而制勝。故兵無常勢，水無常形，能因敵變化而取勝者，謂之神。《孫子兵法・虛實第六》

❽兵者，詭道也。故能而示之不能，用而示之不用，近而示之遠，遠而示之近，利而誘之，亂而取之，實而備之，強而避之，怒而撓之，卑而驕之，佚而勞之，親而離之，攻其不備，出其不意。此兵家之勝，不可先傳也。《孫子兵法・始計第一》

取勝的機會，則必先固守，等待敵方露出弱點才會進攻；所以敵人看來是實，我守不攻，我方看來也實，敵人也守而不攻，當下兩軍只有相持對峙。[9]

美俄冷戰時期，雙方核武恐怖平衡，都有毀滅對方一次以上的核武打擊力量。在這種狀況下，任一方不只自己是實，還要把己方實的事實讓對方清楚知道，讓對方不會妄動開打！

二、看似實，原是虛

看似實，原是虛，這是打腫臉充胖子，符合兵法《百戰奇略》對虛戰的說明，虛必偽裝為實，使敵不攻。賭梭哈時常見此招，稱為詐唬（Bluffing），拿了一手爛牌卻下大注，想靠虛張聲勢逼退對手。

也有以虛為實，掩護真正的攻擊，這是明修棧道，掩飾陳倉暗渡的那一手。[10]

韓信為了迷惑敵人，一方面假裝重修棧道，以虛為實，另一方面率領大軍偷襲陳倉，結果漢軍迅速滅掉三秦，佔領關中。

諸葛亮草船借箭，草船沒有真正的打擊力量，在霧中擊鼓而

[9] 凡戰，所謂攻者，知彼者也。知彼有可破之理，則出兵以攻之，無有不勝。法曰：「可勝者，攻也。」《百戰奇略・攻戰第三十七》
凡戰，所謂守者，知己者也。知己有未可勝之理，則我且固守，待敵有可勝之理，則出兵以攻之，無有不勝。法曰：「知不可勝，則守。」《百戰奇略・守戰第三十八》

[10] 示之以動，利其靜而有主，益動而巽。《三十六計・第八計・暗渡陳倉》

出，也是看似實，原是虛；草船借箭更是無風險的看似實，原是虛，因為大霧之中，曹軍不敢出擊迎敵，只能以弓箭狂射，讓坐在草船之中，強拉著魯肅做伴喝酒的諸葛亮輕鬆賺走十萬支箭！

三、看似虛，正是虛

看似虛，正是虛，這是搏命演出！依兵法，虛要裝實；看似虛，則敵必攻之！若真是虛還讓人看似虛，豈非自討苦吃？

在兵戰，看似虛，正是虛的例子，當數《三國演義》中諸葛亮對司馬懿演出的那齣空城計。與其說諸葛亮藝高人膽大，其實他在當時是走投無路，沒招了，不得已啊！[11]

諸葛亮謹慎，司馬懿知道；司馬懿謹慎，諸葛亮也知道。在無計可施的情況下，諸葛亮別無他法，只有一搏。看似虛，重點在一個「似」字，以司馬懿的謹慎及其對諸葛亮的瞭解，既然不能確定真是空城，則看似虛者必實，當然不只不能進城，還要盡速退兵。

值得一問的是，讀了空城計以後，下次遇到一個疑似空城計的空城，敢不敢殺進城去？

明朝末年，清太祖努爾哈赤攻打袁崇煥鎮守的寧遠兵敗而退。

[11] 虛者虛之，疑中生疑；剛柔之際，奇而復奇。《三十六計・第三十二計・空城計》

野史記載清太祖也遇上了袁崇煥的空城計，也許是想著袁崇煥不是諸葛亮，自己也不是司馬懿，別給一座空城唬住了，清太祖就率兵攻進城內。哪知道袁崇煥示弱示寡，城中無兵卻地遁八陣圖，並把二百尊西洋砲架上城樓。清太祖攻入城內，明軍殺出地道，砲轟城內，清太祖匆匆逃出城外，又遇伏兵，受傷復發而亡，讓他的兒子皇太極恨死了袁崇煥，誓言為父復仇。

問題可以一直問下去，讀了諸葛亮的空城計，又讀了袁崇煥的空城計，下次再遇到一個疑似空城計的空城，要怎麼應付？

四、看似虛，原是實

看似虛，原是實，這是扮豬吃老虎，誘使敵人照著我方的劇本演。以虛誘敵，讓敵人見獵心喜，讓敵人大意，讓敵人變動陣式，是虛實四種表裡組合中最常見的。因為是照我方的劇本演，所以我方知此知彼，穩操勝券。

例一：馬陵之戰中齊將孫臏減灶誘魏將龐涓上當。公元前三四二年魏王派龐涓攻打韓國，韓國向齊國求援，孫臏向齊威王建議先坐山觀虎鬥，韓國五敗後齊將田忌及孫臏才率兵救韓。龐涓回兵與孫臏決戰，孫臏避其鋒芒，以減灶之計引誘龐涓進入預定埋伏地點，萬箭齊發，龐涓大敗，自殺身亡。

例二：在荷馬（Homer）史詩所敘述的特洛伊戰爭中，希臘聯軍圍攻特洛伊城十年不下，用了綺色佳王尤里西斯（Ulysses）的奇計，佯裝退兵，卻留下內藏士兵的巨大木馬，讓特洛伊人歡天喜地拖入城內。在特洛伊人狂歡慶祝勝利之夜，裡應外合，屠城滅了特洛伊。這是西諺「小心帶著禮物而來的希臘人」（Beware of Greeks bearing gifts.）的由來，讓我們警惕小心「看似虛，可能是實」！

實則正攻，虛則奇攻

弓矢未曾交射，長矛短劍還沒有交鋒，敵人的前方部隊鼓譟吶喊，是以虛張聲勢防備我方攻擊，這叫做「虛」；敵人後方部隊鼓譟吶喊，則是將有所行動，這叫做「實」；不發出聲音，則是秘密地有所圖謀，這叫做「秘」。這些主動、虛虛實實的操作就是用兵的本質。⓬

《孫子兵法》全書，一個觀念貫穿其中，就是「虛實」。唐太

⓬ 矢射未交，長刃未接，前譟者謂之「虛」，後譟者謂之「實」，不譟者謂之「秘」，虛實者兵之體也。《尉繚子・兵令上第二十三》

宗就曾讚道：「我看古今這麼多兵書，無出《孫子兵法》之右者；而《孫子兵法》十三篇所談論的，又不出虛實。用兵，只要能夠正確看出虛實之勢，沒有不打勝仗的！」⓭

針對太宗的感嘆：將帥嘴巴上知道講「避實擊虛」——避開敵人的強處，攻擊敵人的弱點，等到臨敵作戰，卻少有能正確判斷虛實的；李靖的看法是：學習奇正虛實，要先學奇正相變的本領，再學對虛實之形的認識和判斷。⓮

奇正是用來對付敵人的虛實；以正對付敵人的實，以奇對付敵人的虛。身為將帥，如果不懂得奇正的招術，則雖然識破了敵人的虛實，又能做什麼？教導將帥瞭解了奇正的招術，他們自己就會學到虛實的情境狀況了。⓯

奇、正、虛、實間隨時互動。所謂「以奇為正」——把奇招轉為正招，就是當敵人以為我出奇招時，我就轉以正招攻擊；所謂「以正為奇」——把正招轉為奇招，就是當敵人以為我出正招時，我就轉以奇招攻擊。所謂「使敵勢常虛，我勢常實」，就是永遠使敵人常處在一個不穩定、被動、摸不著頭緒的有弱點狀態；而我方常處在一個穩定、主動、清明的無弱點狀態。⓰

⓭太宗曰：「朕觀諸兵書，無出孫武；孫武十三篇，無出虛實。夫用兵，識虛實之勢，則無不勝焉。今諸將中，但能言『避實擊虛』。及其臨敵，則鮮識虛實者。蓋不能致人，而反為敵所致故也。如何？卿悉為諸將言其要。」《唐太宗李衛公問對．卷中》

⓮靖曰：「先教之以奇正相變之術，然後語之以虛實之形，可也。諸將多不知以奇為正，以正為奇，且安識虛是實，實是虛哉？」《唐太宗李衛公問對．卷中》

⓯靖曰：「奇正者，所以致敵之虛實也。敵實則我必以正，敵虛則我必為奇。苟將不知奇正，則雖知敵虛實，安能致之哉？臣奉詔，但教諸將以奇正，然後虛實自知焉。」《唐太宗李衛公問對．卷中》

⓰太宗曰：「以奇為正者，敵意其奇，則吾正擊之；以正為奇者，敵意其正，則吾奇擊之。使敵勢常虛，我勢常實。當以此法授諸將，使易曉耳。」《唐太宗李衛公問對．卷中》

致人：寫劇本是實，照人劇本演是虛

一、讓敵先動，暴露其虛

「致人」就是寫劇本讓別人照著演，《百戰奇略》對「致戰」是這樣說明的：凡是敵人依我方所寫的劇本前來攻擊，其態勢常常是有弱點的；我方沒有出戰，則我方的態勢常常是沒有弱點的。以各種方法誘使敵人來攻，而我方據守待敵，則很少有不獲勝的。所以兵法說：要寫劇本讓敵人照著演，別照著敵人寫的劇本演。⑰

兵法講了那麼多虛實，不外就是「致人」，要主動造成敵人先動來反應，而不要「致於人」，不要被動地受敵人主導以動作來反應。要自己寫劇本，讓敵人照著演，不要讓敵人寫劇本，自己跟著演。⑱

凡是先到達戰地等待敵人的，處在安逸的地位；後到達戰地倉促應戰的，必感到疲勞。所以善戰者能主動致敵，而不受制於人。要使敵人肯來，就要用利益引誘他；要使敵人不敢來，就要讓他覺得有害而不來。敵人想休息，要設法讓他疲勞；敵人想吃飽，要設法讓他饑餓；敵人想安閒，要設法讓他勞動。⑲

⑰ 凡致敵來戰，則彼勢常虛；不能赴戰，則我勢常實。多方以致敵之來，我據便地而待之，無有不勝。法曰：「致人而不致於人。」《百戰奇略・致戰第六十二》

⑱ 靖曰：「千章萬句，不出乎『致人而不致於人』而已。」《唐太宗李衛公問對・卷中》

⑲ 孫子曰：凡先處戰地而待敵者佚，後處戰地而趨戰者勞。故善戰者，致人，而不致於人。能使敵人自至者，利之也；能使敵人不得至者，害之也。故敵佚能勞之，飽能饑之，安能動之。《孫子兵法・虛實第六》

善戰者，致人，而不致於人。敵人如果沒有弱點，就要主動逼敵人動一動，讓他有機會暴露弱點。

二、我專而敵分，我眾而敵寡

虛張聲勢，示人以形，使敵人不知我的虛實，則我的兵力集中而敵之兵力分散。若我集中兵力於一處，敵人兵力分散十處，等於是我以十對敵人的一，則我眾而敵寡，可以掌握數量上的優勢；因此，我可以在希望的時間地點和敵人作戰，必可以最簡約的代價得到最大的效果！⑳

打算要和敵人接戰的地點不能讓敵人知道；敵人不知道，要防備的地點就多；要防備的地點多，與我作戰的敵人數量相對就少。所以，敵人留意防備前面，則後面的兵力就少；留意防備後面，則前面的兵力就少；留意防備左面，右面的兵力就少；留意防備右面，左面的兵力就少；處處都要留意防備，則處處兵力都少！兵力寡少，是處於被動、防備敵人造成的；兵力充裕，是居於主動、讓敵人防備自己造成的！㉑

⑳ 故形人而我無形，則我專而敵分。我專為一，敵分為十，是以十攻其一也，則我眾而敵寡。能以眾敵寡者，則吾之所與戰者，約矣。《孫子兵法・虛實第六》

㉑ 吾所與戰之地不可知，不可知，則敵所備者多，敵所備者多，則吾所與戰者，寡矣。故備前則後寡，備後則前寡，備左則右寡，備右則左寡，無所不備，則無所不寡。寡者，備人者也；眾者，使人備己者也。《孫子兵法・虛實第六》

三、示亂、示怯、示弱以誘敵

旌旗紛紛，人馬紜紜，在混亂中作戰，卻要使軍隊不混亂；戰車轉動，騎兵奔馳，在渾沌不清的狀況下作戰，卻要使軍隊不為敵所乘。要偽裝混亂，必須有嚴密整治的本體，此亂非真亂；要偽裝怯懦，必須有勇敢的素質，此怯非真怯；要偽裝弱小，必須有強大的力量，此弱非真弱。整治與混亂，取決於組織編制；勇敢與怯懦，取決於作戰的態勢；強大與弱小，取決於兩軍相對的實力。㉒

因此善於欺敵誘敵者，故意讓敵人看到我軍混亂、怯懦、弱小的樣子，則敵人必定照著我的劇本演；以敵人想要的東西誘敵，敵一定上當來取；以利誘敵，而以治、勇、強的軍隊等著敵人，就能予以迎頭痛擊！㉓

㉒ 紛紛紜紜，鬥亂而不可亂也；渾渾沌沌，形圓而不可敗也。亂生於治，怯生於勇，弱生於強。治亂，數也；勇怯，勢也；強弱，形也。《孫子兵法・兵勢第五》

㉓ 故善動敵者，形之，敵必從之；予之，敵必取之。以利動之，以實待之。《孫子兵法・兵勢第五》

致人求虛：奇攻不成，再復爲正！

在第五篇中，老摩根在使出奇正招術的同時，送給珠寶商一張字條，抱怨珍珠圍巾別針價錢太高，就是要創造一個敵虛的狀況，逼珠寶商反應，希望他的反應讓自己的奇兵有機可乘。

的確，如果珠寶商想到老摩根是個鉅富、大腕，也許以後還能從他那做到更多生意，可能就接受那張四千美元的支票，退還密封的盒子，讓老摩根以折價二〇％拿下珍珠圍巾別針。實際的狀況是，珠寶商雖然撕掉了四千美元的支票，沒有讓老摩根的奇兵得逞，但是老摩根還有正兵在手，以藏在密封盒子中的另一張五千美元支票，完成珍珠圍巾別針的付款。正因為老摩根用了一個抱怨價格太高的下馬威「致人求虛」，才舖陳了接下來「奇攻不成，再復為正」，奇正虛實盡在其中的奇正相生好戲！

在任何一場具有奇、正、虛、實元素的人際互動或競爭活動中，觀察他人、對手或敵人的虛實，隱匿自己的虛實，可不是事到臨頭、現場當下才做的事，而是平時如戰時，意識中隨時隨地都要留心的功課。

切記！任何時候都別暴露自己的虛實，甚至要時時欺騙對手，虛虛實實、虛中有實、實中有虛；兵者詭道也，誤導對手敵人沒有時地之分！再者，有機會就要不斷地主動致人，增加他人、對手或敵人改變陣仗、暴露虛處弱點的機會。

諸葛亮以空城計虛晃一招，謹慎的司馬懿疑有埋伏，便下令退軍了。

第七篇

以寡擊眾

取勝的關鍵在欺敵誘敵、出奇制勝、攻其不備。

少數迎戰多數的時候，要如何求勝？
兵書教我們要創造局部優勢，在地勢險要之處迎戰，
欺敵誘敵，營造利己的環境，
將之應用到二十一世紀的商戰上，
取得市場區隔、尋找策略夥伴，
即是以少擊眾的致勝關鍵。

使敵備多力分，我則集中一點

眾則力強，寡不敵眾，雙拳難敵四手，古有名訓。麋鹿比虎豹弱小，但麋鹿成群，虎豹都會避開；一般飛鳥沒有鷹鷲兇猛，但飛鳥成隊，鷹鷲也不敢襲擊；聰明人即使聰明，當眾人聚在一起，聰明人也不敢冒犯。❶

有十倍於敵人的兵力，就包圍敵人；有五倍於敵人的兵力，就攻擊敵人；有多於敵人一倍的兵力，就設法使敵人兵力分散；與敵人兵力相當，就衡量狀況決定是否接戰；兵力少於敵人，就採取守勢；實力不如敵人，就要避免與敵人接戰。所以如果弱小的軍隊堅持接戰，就會被強大的敵人所俘虜。❷

《孫子兵法》主張不打沒有把握的仗，在知道可以打敗敵人時才會挑起戰端，而且只在擁有絕對優勢兵力的狀況下才主動出擊。為了取得在戰場特定點上的相對兵力優勢，《孫子兵法》力主「形人而我無形」、「致人而不致於人」，要誘使敵人照著我方所寫的劇本演。

作戰時一般的原則是：掌握主動，使敵人備多力分，我方的兵

【典籍出處】

❶ 麋鹿成群，虎豹避之；飛鳥成列，鷹鷲不擊；眾人成聚，聖人不犯。《說苑・雜言第十七》

❷ 故用兵之法，十則圍之，五則攻之，倍則分之，敵則能戰之，少則能守之，不若則能避之。故小敵之堅，大敵之擒也。《孫子兵法・謀攻第三》

力集中於一點，而敵人的兵力分到十處。若原本雙方兵力相當，則現在已成我十敵一；即使原本敵眾我寡，人強我弱，現在敵分為十，我方就可以扳平劣勢，甚至掌握局部兵力優勢，將敵人各部分個個擊破！❸

如果敵人在數量上占了優勢，我方更要設計欺敵，像是同時佯攻幾處，讓敵人不能不分散兵力在多處防守，而我方卻暗中集中兵力；則在總數量上敵雖勝我，在局部的某一點上——可能就是牽一髮動全局、決定全局勝負的關鍵點——我方卻有優勢的兵力，就能以多數擊敗少數。❹

敵眾我寡下的欺敵手段，包括多種虛張聲勢的動作，若是能讓敵人不敢貿然立刻來攻，讓我方爭取到撤退的寶貴時間，也是保全自身的良策。❺

避之於易，邀之於阨

但若是敵眾我寡，我方安然撤退又做不到，必須硬著頭皮一戰，就像在當今競爭激烈的工商業社會中，企業常會碰到敵眾我

❸ 故形人而我無形，則我專而敵分。我專為一，敵分為十，是以十攻其一也，則我眾而敵寡，能以眾敵寡者，則吾之所與戰者，約矣。《孫子兵法‧虛實第六》

❹ 凡與敵戰，若彼眾多，則設虛形以分其勢，彼不敢不分兵以備我。敵勢既分，其兵必寡；我專為一，其卒自眾。以眾擊寡，無有不勝。法曰：「形人而我無形。」《百戰奇略‧形戰第二十三》

❺ 凡與敵戰，若敵眾我寡，敵強我弱，須多設旌旗，倍增火竈，示強於敵，使彼莫能測我眾寡、強弱之形，則敵必不輕與我戰。我可速去，則全軍遠害。法曰：「強弱，形也。」《百戰奇略‧弱戰第二十》

寡、人強我弱的狀況，那又要如何扭轉不利的態勢，轉危為安，甚至轉敗為勝呢？在歷史上，敵眾我寡，必須硬著頭皮一戰的狀況屢見不鮮，也是中國兵書經常探討的一個題目，值得我們學習應用。

被列為《武經七書》之一的兵書《吳子》，是吳起先後和魏文侯、魏武侯兩位國君的軍政兵學對話，其中有一段記載武侯向吳起請教敵眾我寡的因應之道。

吳起的因應戰術是：在敵眾我寡時，不要和敵軍在地勢開闊平坦的地形接戰，要在地勢險要、易守難攻的地形迎敵。面對有十倍、百倍、甚至千倍人數優勢的敵軍，最好就是在狹窄的阨口、地勢險阻的地方，對敵軍加以攻擊。雖然己方人數少，但是突然擊金鳴鼓，在敵軍通過阨口時發動攻擊，人數佔優勢的敵軍也少有不心驚膽戰而兵敗的。兵力居優勢者，務必選在地勢開闊平坦的地形和敵軍接戰；兵力居劣勢者，務必選在地勢險要的地形迎擊敵軍！❻

❻ 武侯問曰：「若敵眾我寡，為之奈何？」起對曰：「避之於易，邀之於阨。故曰，以一擊十，莫善於阨；以十擊百，莫善於險；以千擊萬，莫善於阻。今有少卒，卒起，擊金鳴鼓於阨路，雖有大眾，莫不驚動。故曰，用眾者務易，用少者務隘。」《吳子・應變第五》

營造有利的環境態勢

另一本同列《武經七書》，比《吳子》更早的兵書《六韜》，是姜太公分別和周文王、周武王討論文韜武略的記載，其中太公和武王也有關於如何以少擊眾、以弱擊強的討論。

太公以少擊眾、以弱擊強的戰術，就是要在天色昏暗時、隱藏在深草之中、守候在險峻的隘口道路攻擊敵軍。而太公以弱擊強的戰略，則是要得到大國的支持和鄰國的幫助。❼

幾乎雷同的文字，也出現在《百戰奇略》對「寡戰」的說明上。❽

但如果己少敵眾，己弱敵強，又天不從人願，沒有深草可藏，沒有險峻的隘口道路可守，而敵軍在天色昏暗之前就已經到來；沒有大國撐腰，又沒有鄰國施以援手；那要怎麼辦？兵法告訴我們：一定要用盡辦法，改變時空，營造出對我方有利的環境態勢！

回答武王以上的問題：太公建議使用各種欺敵、誘敵的手段，騷擾敵人的行軍，拖延它的速度，讓敵軍與我相遇的時間落到日暮，讓敵軍因應我們一路上的零星游擊攻擊，改變它的行軍路線、戰術、甚至戰略，走進深草，走入隘路。我們應該以豐厚的利益好處、謙卑討好的言辭，伺候大國和鄰國的領導人、大臣和關鍵人物，以得到他們的幫助。❾

❼ 武王問太公曰：「吾欲以少擊眾，以弱擊強，為之奈何？」太公曰：「以少擊眾者，必以日之暮，伏於深草，要之隘路。以弱擊強者，必得大國之與，鄰國之助。」《六韜・豹韜・少眾》

❽ 凡戰，若以寡敵眾，必以日暮，或伏於深草，或邀於隘路，戰則必勝。法曰：「用少者務隘。」《百戰奇略・寡戰第十二》

❾ 太公曰：「妄張詐誘，以熒惑其將。迂其道，令過深草；遠其路，令會日暮。前行未渡水，後行未及舍，發我伏兵，疾擊其左右，車騎擾亂其前後。敵人雖眾，其將可走。事大國之君，下鄰國之士，厚其幣，卑其辭。如此，則得大國之與，鄰國之助矣。」《六韜・豹韜・少眾》

把以上兵書中的戰術和戰略運用到二十一世紀的商戰上，太公要以少擊眾、以弱擊強的戰術就是：選擇對手視野會被遮蔽、自己可隱藏以出其不意攻擊對手，讓對手優勢人力和資源不能發揮效用的特定區隔市場（Market Segment）。

太公要以弱擊強的戰略就是：找到一個強有力的策略夥伴，藉重它的品牌、技術、資源等等。

從敵眾我寡到敵寡我眾

不論是《孫子兵法》的創造局部優勢兵力，或是《吳子》、《六韜》在敵眾我寡、人強我弱態勢下取勝的方法，關鍵都在出奇制勝，攻敵不備。

善於用兵的將帥，在該出兵時按兵不動，該按兵不動時反而出兵；不去攻打想當然耳的目標，反而攻打出人意料的目標；不只調動驅策一支部隊，正兵之外還有奇兵，無兵之處都是兵。掌握了這三個「奇兵」的要領，與敵人作戰，即使是在敵眾己少、敵強己弱的狀況下，也一定可以得到勝利！❿

❿ 善用兵者，不出所當出，出所不當出。……善用兵者，不攻所當攻，攻所不當攻。……善用兵者，不專主乎一軍，正兵之外有兵，無兵之處皆兵。……此三奇者，必勝之兵也；少可勝眾，弱可勝強。《潛書・下篇下・五形》

而對那非常幸運、兩軍對戰時在數量上站有優勢的一方，應該設身處地站在對手的立場，想想對手會做些什麼。

想到寡少的對手會藉日暮、深草、隘路之便，得大國鄰國之助；居眾的一方就該避開日暮、深草、隘路，並且慎防大國鄰國的介入。兵法說：我眾敵寡的一方，要戰就該選在平坦開闊的地形，以正規陣式應戰，這樣沒有不勝利的！⓫

先學會以寡擊眾，再反過來思考，就能學到以眾擊寡！

⓫ 凡戰，若我眾敵寡，不可戰於險阻之間，須要平易寬廣之地。聞鼓則進，聞金則止，無有不勝。法曰：「用眾進止。」《百戰奇略・眾戰第十一》

敵眾我寡時，要戰於險阻之間，營造出對己方有利的環境態勢！

第八篇

不豫則廢

居安思危，是準備的第一步。

準備，是成事的起點，

凡事不預作準備，一定會失敗，

要懂得居安思危，才能有備無患。

機會是眷顧準備好的心智的，

若面對險峻挑戰不早做因應的準備，那就不可活了！

不準備，會倒楣

人要是不考慮未來的狀況，憂患很快就會來臨！❶事先準備，就能做成，事前不準備，就會失敗。說話前有準備，就不會講得前後矛盾；做事前有準備，就不會中途發生困難；行為前有準備，事後就不會悔恨；講道前有準備，就不會辭窮。❷人的憂患，來自不準備、不想好因應的計謀。《黃石公素書》有云：「怨在不舍小過，患在不豫定謀。」「豫」就是「預」，而《兵經百言》對「預」這個字，有如下的解說：

事情出乎意料，必定心慌害怕，心慌害怕就不能在倉促中周詳思考，如此就露出失敗的徵兆了。兵法談到作戰會遇到的狀況有上千種，造成的傷害數以萬計，一定要想清楚敵人來襲時如何因應？敵人掩殺過來時如何抵擋？被敵人衝成兩段時如何對付？敵人自四方而來時如何應戰？凡是艱難危險的事，一定要預先籌劃、分別配置，一定要對預想的各種狀況有因應的方法，對預料之外的狀況有心理準備。如此一來就可以心安氣定，遇到狀況不驚慌，即使在像把雞蛋疊起來的那種狀況下，也不會有危險！❸

【典籍出處】

❶子曰：「人無遠慮，必有近憂。」《論語・衛靈公篇》

❷凡事豫則立，不豫則廢。言前定則不跲，事前定則不困，行前定則不疚，道前定則不窮。《中庸》

❸凡事以未意而及者，則心必駭，心駭則倉猝不能謀，敗徵也。兵法千門，處傷萬數，必敵襲如何應，敵衝如何擋，兩截何以分，四來何以戰！凡屬艱險危難之事，必預籌而分佈之，務有一定之法，並計不定之法，而後心安氣定，適值不驚，累卵無危。《兵經百言・智部・預》

古人出師用兵，在危險困難中進進出出，都能平平安安，沒有禍患，不是因為有什麼特別奇妙的智慧，只不過是有準備而已！❹

機會眷顧有備的心智

為什麼要準備？吳起由兵家的角度，給了既清楚又簡潔的答案：戰場上，士兵往往死在他做不到的事上，軍隊往往敗在不純熟、不習慣的事上。所以用兵的方法以教練戒慎為首要之事。❺

一個人學好了，再教成十人；十人學好了，再教成百人；百人學好了，再教成千人；千人學好了，再教成萬人；萬人學好了，再教成三軍。作戰取勝之道就是：以我之近，待敵之遠；以我之逸，待敵之勞；以我之飽，待敵之飢。教練的內容則是：教以圓陣，又教以方陣；教以如何坐，又教以如何起；教以如何行，又教以如何止；教以如何左，又教以如何右；教以如何前進，又教以如何後退；教以如何分，又教以如何合；教以如何集結，又教以如何解散。當士卒把在戰場上所可能碰到的每種變化都反覆練習之後，才把兵器交付給他們。這就是將領該做的事。❻

❹ 古人行師，經險出難，安行無患，非必有奇異之智，預而已。《兵經百言・智部・預》

❺ 吳子曰：「夫人常死其所不能，敗其所不便。故用兵之法教戒為先。」《吳子・治兵第三》

❻ 吳子曰：「一人學戰教成十人，十人學戰教成百人，百人學戰教成千人，千人學戰教成萬人，萬人學戰教成三軍。以近待遠，以逸待勞，以飽待飢。圓而方之，坐而起之，行而止之，左而右之，前而後之，分而合之，結而解之。每變皆習乃授其兵。是謂將事。」《吳子・治兵第三》

用兵打仗如此，世上其他的事情也一樣：思考準備在先，事情發生在後，就會順利成功；事情發生在先，思考準備在後，就難逃失敗覆亡！❼

在顯微鏡下發現細菌、在生物學發展史上享有盛名的十九世紀法國科學家巴斯德（Louis Pasteur），根據他自身的經驗，曾留下一句名言：

就觀察而言，機會眷顧有備的心智。（Where observation is concerned, chance favors only the prepared mind.）

機會眷顧有備的心智，其實不只限於觀察一事，它適用在任何事情上。

備之慎之，慎在備先

老子曾說：「凡做人的方法，心要小，志向要大，智慧要圓通，行為要方正，才能要多元，事務要簡少。」❽

❼ 謁問析辭勿應，怪言虛說勿稱；謀先事則昌，事先謀則亡。《說苑・談叢第十六》

❽ 老子曰：凡人之道，心欲小，志欲大，智欲圓，行欲方，能欲多，事欲少。《文子・微明》

「心欲小」的意思是：心中擔心禍患要來而還沒有來，對禍患小心戒備，對細微處謹慎，對欲望不敢稍有放縱。所以心欲小就是禁絕細小的失誤。❾

人們常說「小心！小心！」也許就是由心欲小來的吧！

《呻吟語》講到凡事都要有備而來，要既慎且備，因為謹慎所以有準備，且不因為有準備而不謹慎。

明朝呂坤曾描述他的一位朋友沉潛優雅、態度從容，看起來總是溫文而不隨事起舞。每次要找隨身急用的東西，座客中沒有準備的多有人在，而這位朋友總能由衣袖中取出，應付過去。有時向他索取幾件東西考考他，他會叫左右僕役在所帶的東西中尋找，竟也都能找到。❿

呂坤讚歎佩服這位朋友：「君要用的東西，從來沒找不到的啊！」朋友答覆：「我常常準備了卻沒用到呢。準備萬一需要的時候使用，這已經是第二步了。準備之心，在於謹慎之心，所以謹慎在準備之先。所有需要準備的我都事先思考規劃好了，所以不需另作準備。自有準備以來，我就不怕有萬一的狀況，所以準備好的東西常常用不到。」⓫

❾ 所謂心欲小者，慮患未生，戒禍慎微，不敢縱其欲也。……故心小者，禁於微也……。《文子・微明》

❿ 一友人沉雅從容，若溫而不理者。隨身急用之物，座客失備者三人，此友取之袖中，皆足以應之。或難以數物，呼左右取之攜中，犁然在也。《呻吟語・存心》

⓫ 余嘆服曰：「君不窮於用哉！」曰：「我無以用為也。此第二著，偶備其萬一耳。備之心，慎之心也，慎在備先。凡所以需吾備者，吾已先圖，無賴於備。故自有備以來，吾無萬一，故備常餘而不用。」《呻吟語・存心》

或說：「那就不用準備了。」朋友的回應是這樣的：「雖然沒有萬一的狀況，還是加以準備，這就是我所謂的謹慎。若仗恃著有準備就不謹慎，則準備就成了助長怠忽的原因，久而久之，必定會發生落在準備之外的情況；仗恃著謹慎而不準備，則謹慎就成了限制發揮作用的原因，久而久之，必定會發生謹慎考慮之外的情況。所以寧可有所準備而不用，不可以要用而沒有準備。」⓬

呂坤讚歎：「這是用心到了極致啊。《易經》說：『還用白茅墊著，如此謹慎又有什麼錯呢？』講的不就是這個意思？」⓭

準備，是成事的起點

一座高牆，上面厚重，牆基薄弱，未必會崩裂；但雨水淋個不停，一定會倒塌毀壞。樹木根淺，未必會傾倒；但受到大風吹襲，暴雨澆淋，一定會連根拔起。君子所住的國家，不崇尚仁義，不尊敬賢臣，未必會滅亡；然而一旦發生非常的變化，人們四散奔逃，災禍指日而至，到這個時候才叫得喉乾唇燥，仰天長嘆，希望老天爺施予援手，那就太難了！⓮

⓬ 或曰：「是無用備矣。」曰：「無萬一而猶備，此吾之所以為慎也。若恃備而不慎，則備也者，長吾之怠者也，久之，必窮於所備之外；恃慎而不備，是慎也者，限吾之用者也，久之，必窮於所慎之外。故寧備而不用，不可用而無備。」《呻吟語・存心》

⓭ 余歎服曰：「此存心之至者也。《易》曰：『藉之用茅，又何咎焉？』其斯之謂與？」吾識之，以為疏忽者之戒。《呻吟語・存心》

⓮ 豐牆磽下未必崩也，流行潦至，壞必先矣；樹本淺，根垓不深，未必橛也，飄風起，暴雨至，拔必先矣。君子居於是國，不崇仁義，不尊賢臣，未必亡也；然一旦有非常之變，車馳人走，指而禍至，乃始乾喉燋唇，仰天而歎，庶幾焉天其救之，不亦難乎？《說苑・建本第三》

孔老夫子因此做了結論：「不在開始時就慎重行事，而在事後悔恨，雖悔恨也來不及了。」《詩經》說：「哭泣抽咽，嘆息都來不及了！」指的就是，不先正本，不準備，不把基礎打好，最後就會有無窮的憂患！[15]

要準備，就要詳盡思考各種可能的情境，這是賽局理論（Game Theory）所講的核心原則：

數盡未來可能情境……倒推決定今天行動。（Looking forward ...reasoning back. —*Think Strategically*）

荷蘭商皇家殼牌石油公司（Dutch Royal Shell）採用的「情境規劃」（Scenario Planning）——先模擬設想出各種不同的外在情境，再針對各個情境規劃出營運策略方案——被許多人認為是該公司能夠順利度過一九七〇年代第一次全球石油危機，並且在危機之後一躍成為全球石油業領導者的主要原因。

再看看《百戰奇略》對「備戰」的說明：出兵征討作戰，行軍途中要防備敵人進攻攔截，停下來時要防備敵人襲擊，紮營後要防

[15] 孔子曰：「不慎其前，而悔其後，雖悔無及矣。」《詩》曰：「啜其泣矣，何嗟及矣！」言不先正本而成憂於末也。《說苑・建本第三》

備敵人偷盜馬匹糧草，起風了要防備敵人火攻。能夠這樣無所不包、戒慎小心地防備，就可以做到有勝而無敗了。⑯

其實這和皇家殼牌石油公司所講的「情境規劃」還真是頗為雷同。

居安思危，有備無患

能夠有居安思危的危機意識，是準備的心理建設，是準備的第一步。⑰

沒事，要像有事一般提防著，才能消弭意外的變局；有事，要像沒事一樣的鎮定，才能在災難來時解危！⑱

古人看「居安思危」，認為事先存有戒心是最可貴的，國君能夠做到這一點，國家的災禍就已經遠去了！⑲

國家大事，沒有比戒備危機更重要的了。失之毫釐，結果可以差之千里，覆軍殺將，來勢洶洶而不踰息，能不讓人心生恐懼嗎！所以有患難時，君臣都來不及吃飯而勤勞謀事，選擇賢才而加以任用！⑳

⑯凡出師征討，行則備其邀截，止則禦其掩襲，營則防其偷盜，風則恐其火攻。若此設備，有勝而無敗。法曰：「有備不敗。」《百戰奇略・備戰第二十七》

⑰《書》曰：「居安思危」，思則有備，有備無患。《左傳・襄公十一年》

⑱無事常如有事時，提防才可以彌意外之變；有事常如無事時，鎮定方可以消局中之危。《菜根譚・應酬》

⑲起對曰：「夫安國家之道，先戒為實，今君已戒，禍其遠矣。」《吳子・料敵第二》

⑳夫國之大務，莫先於戒備。若夫失之毫釐，則差若千里，覆軍殺將，勢不踰息，可不懼哉！故有患難，君臣旰食而謀之，擇賢而任之。《將苑・戒備第十七》

不居安思危，強敵惡寇臨門還不知道害怕，就如燕子在屋內築巢，魚兒在鍋裡嬉游，覆亡就在眼前了！《左傳》有云：「既不準備，又不知道憂心，就不可以領兵打仗。」又云：「有所預備，沒有值得憂心的事，是古代的良好施政。」再云：「被有毒的蜂蠆刺到，都是突來的危險，更何況國家面臨的大小事？」沒有準備，即使人數眾多也不足以仗恃。所以說：「有備無患。」而軍隊的行軍作戰，是不可以沒有妥善戒備的。[21]

這種居安思危的心態不單單能應用在國家大事上，對個人人生的任何面向和境遇，包括患難安樂和貧賤富貴，也都一體適用；一個人在安康舒適的環境下若還能居安思危，就能無往不安！[22]

準備的深度要超過門檻

豫則立，不單是準備而已，更是要投入「夠多」的時間精力，超越熟能生巧的門檻，才能在遇到狀況時從容因應。

準備的功夫要夠深。牙買加裔的美國作家麥爾坎・葛拉威爾（Malcolm Gladwell）在他的暢銷書《異數：超凡與平凡的界線在哪

[21] 若乃居安而不思危，寇至不知懼，此謂燕巢於幕，魚遊於鼎，亡不俟夕矣！《傳》曰：「不備不虞，不可以師。」又曰：「豫備無虞，古之善政。」又曰：「蜂蠆尚有毒，而況國乎？」無備，雖眾不可恃也。故曰：「有備無患。」故三軍之行，不可無備也。《將苑・戒備第十七》

[22] 以患難心居安樂，以貧賤心居富貴，則無往不泰矣；以淵谷視康莊，以疾病視強健，則無往不安矣。《小窗幽記・集醒篇》

裡？》（*Outliers: The Story of Success*）提出了個有趣的觀念：「一萬小時定律」（10,000-Hour Rule）。

一萬個小時的努力投入，是達成偉大成果的魔術數字。（Ten thousand hours is the magic number for greatness.）

葛拉威爾認為，成就是天賦加準備。他根據自己蒐集的資料和研究分析，歸納出一個結論：任何人要在某一特定的領域出類拔萃，出人頭地，通常都要紮紮實實地投入一萬小時的努力；年輕的網球選手如此，少年圍棋選手如此，年輕的音樂家如此，甚至當年英國披頭四樂團在德國漢堡幾年夜店演奏下來的蛻變也是如此。

台上一分鐘，台下十年功。「一萬小時定律」只是換個不同量化的說法，告訴我們：準備，永無止盡，超過門檻才奏效！

準備的廣度要包羅萬象

學生準備考試，單複習教科書的內容，是準備；複習了教科書的內容，又看參考書，也是準備；看完了參考書，再做模擬試題，還是準備！

有些事表面上看來彼此毫不相干，其實都是息息相關的準備功夫。周文王曾問姜太公：「以文的方式攻伐別國，有哪些方法？」太公回答：「有十二種文的方式，可以用來攻伐別國。」㉓

這十二項文伐的工作，由第一項：針對敵國國君所喜好的事，順其心志討好他，讓他產生驕傲自大之心，使他任意去做奸邪之事；先曲意順從他，將來一定可以除掉他！㉔

到最後一項，第十二項：供養敵國的亂臣以迷矇敵國國君的心智，進獻美女淫聲以惑亂他的神志，贈送好的犬馬以疲勞他的身體，常以侈大的形勢誘使他更加狂妄，然後就可以上察天時，等待著與天下之眾共同去攻打他！㉕

太公對文王說，當這十二項工作都完備了，就可以用武力攻伐了。這就是所謂的：上觀天象，下察地理，當相關徵兆出現時，就可以出兵討伐了。㉖

原來武伐之前還有文伐，準備功夫範圍之廣，令人驚訝！

㉓太公曰：「凡文伐有十二節……。」《六韜・武韜・文伐》

㉔一曰：因其所喜，以順其志。彼將生驕，必有奸事。苟能因之，必能去之。《六韜・武韜・文伐》

㉕十二曰：養其亂臣以迷之，進美女淫聲以惑之，遺良犬馬以勞之，時與大勢以誘之，上察而與天下圖之。《六韜・武韜・文伐》

㉖十二節備，乃成武事。所謂上察天，下察地，征已見，乃伐之。《六韜・武韜・文伐》

豫，可能有驚喜！

不豫則廢；在地球面臨更多天災人禍，人類面對前所未有挑戰的二十一世紀，讀了經典對「豫」的教誨仍然不豫，對人類面臨的各種險峻挑戰不早做因應準備，就真是自作孽不可活了！[27]以防備災禍為初心的「豫」，一旦做到，會有意想不到的驚喜！就像西方人說的，當一個有備的心智遇到一樁意外，那意外很可能就是一個新發現。[28]

西元一四九二年，當籌劃多年、一心向西航行，想以新航線到達東方的哥倫布（Christopher Columbus）以準備來到日本的心情，卻意外登上巴哈馬半島（The Bahamas Archipelago）的聖薩爾瓦多（San Salvador）時，他不只沒有遇上災禍，而是發現了美洲新大陸！

[27] 天作孽，猶可違；自作孽，不可逭。《尚書・商書・太甲中》

[28] A discovery is said to be an accident meeting a prepared mind. ——Albert Szent-Gyorgyi

第九篇

待敵可勝

有智慧的等待讓成功醞釀、讓手段成熟。

敵我對峙，遲不出手，到底在等什麼？
等待可以打敗對手的一刻！
勝利，多半來自對手的失誤，
先求不敗，再待敵之可勝，抓住機會發動攻擊，
好運總是賞賜給那些耐心等待的人！

賭桌上的「待敵之可勝」

一名取得美國芝加哥大學（Chicago University）企管碩士，由金融從業人員轉為職業賭徒的男士，多年前在電視上分享職業賭徒打敗賭場的手法。據他說，被拉斯維加斯各賭場列入黑名單的職業賭徒約有八萬人，但是黑名單上人這麼多，賭場根本無從在賭場大門口識出職業賭徒，防止他們進入賭場。

那賭場要怎麼認出任何職業賭徒呢？通常是由賭客看似異常的下注來揪出可能的職業賭徒。所謂異常的下注就是下的注忽大忽小；如果賭場發現有這樣的現象，安全人員就會去核對黑名單了。

而道高一尺，魔高一丈；因應賭場祭出的方法，職業賭徒到賭場賭錢至少是兩人一組同行的。一人負責下大注，一人負責下小注，看桌上牌勢順逆的狀況，當檯面所剩牌張對莊家有利時，就由專下小注的那人下注，當檯面所剩牌張對莊家不利，職業賭徒贏錢的或然率往上大增，就由專下大注的那人下注，海削賭場一把！

等贏錢的機會來了，才下大注，這就是「待敵之可勝」！

「待敵之可勝」是中國兵學裡的重要觀念。

先求不敗，見可則進

從前善於用兵作戰的人，先求立於不敗之地，再等待可以打敗敵人的那一刻到來；立於不敗之地是由自己掌握的，可不可以打敗敵人卻是由敵人掌握的，所以可以做到自己不敗，卻不能做到一定打敗敵人。這就是所謂的「勝可知，而不可為」——知道要打敗敵人，卻不一定做得到。❶

用兵的方法，要領在於應變、在於熟知兵法；我軍要有什麼舉動，一定要先預測敵人的動向。敵人要是沒有舉動，我軍就等待他動；敵人要是有了舉動，我軍就隨他的舉動而因應，這是對自己有利的。兵法有云：能因應敵人的變化而取勝的，稱之為神。❷

敵人有了舉動的那一刻，要很快在第一時間判斷出敵人是不是暴露了弱點？是不是露出了「虛」處？是不是可以被我們打敗？如果在第一時間審察判斷，認為有理由相信我們可以打敗敵人，就應該以最迅速的手段出兵直搗其弱點，這樣沒有不得到勝利的。兵法因此說：見可則進。❸

這個「可」，是敵人可以被打敗的機會，見到它，就應該迅速

【典籍出處】

❶ 孫子曰：昔之善戰者，先為不可勝，以待敵之可勝；不可勝在己，可勝在敵。故善戰者，能為不可勝，不能使敵必可勝。故曰：勝可知，而不可為。《孫子兵法・軍形第四》

❷ 凡兵家之法，要在應變，好在知兵，舉動必先料敵。敵無變動，則待之；乘其有變，隨而應之，乃利。法曰：「能因敵變化而取勝者，謂之神。」《百戰奇略・變戰第九十八》

❸ 凡與敵戰，若審知敵人有可勝之理，則宜速進兵以搗之，無有不勝。法曰：「見可則進。」《百戰奇略・進戰第五十九》

出擊！

因此，作戰要採取守勢還是攻勢，不是操之於將帥的主觀偏好，而是依戰場上觀察到的敵我態勢決定的。當不能打敗敵人時，就應該採取守勢；可以打敗敵人時，就應該採取攻勢。❹

開始時像個害羞的處女，以最低的姿態先求自保，瞭解環境後，在敵人露出弱點破綻的第一時間——也就是敵人可以被打敗的那一刻——以兔子飛奔的速度，針對敵人的弱點破綻給予致命一擊，這就是勝利的關鍵！❺

勝利多來自對手的失誤

戰場之外，「先自保，再求全勝」的觀念也用在其他方面的互動，最常見、顯著的例子，就是各類的競技活動和職業運動比賽。

在職業運動的比賽中，防守一向被認為先於攻擊；在兩隊相對抗時，防守較佳的一隊往往贏面較大。進攻有成有不成，緊密防守的一方，只要先守著讓對方不能得分，再伺機抓住機會一輪猛攻，就可贏得勝利！

❹ 不可勝者，守也；可勝者，攻也。《孫子兵法・軍形第四》

❺ 是故始如處女，敵人開戶；後如脫兔，敵不及拒。《孫子兵法・九地第十一》

而仔細觀察任何競爭行為，由戰爭到體育競賽，由商業競爭到技能比賽，我們可以發現：勝利多來自對手的失誤。

幫助父親唐太祖李淵打下天下，以貞觀之治在中國歷史上留下盛名的唐太宗認同這個觀察。太宗在與李衛公李靖討論兵法時曾說：「我讀了許多兵書，看書中講了很多很多，總不外乎『多造成對方的失誤』一句話而已。」❻

李靖附和太宗的說法，並進一步闡釋：「大凡用兵，要是敵人沒有失誤，我軍怎麼能打敗他們呢？就像下棋一樣，雙方勢均力敵，一步棋發生失誤，竟然整局棋就沒法挽救了。所以古今以來戰場上的勝敗之分，往往是由一個失誤而來的；一個失誤就會帶來失敗，更何況是許多的失誤呢？」❼

勝利泰半來自敵人的失誤，不只在戰場上、棋局中如此，在任何有競爭的狀況下都是如此。

孰可勝？孰不可勝？

說是待敵之可勝，那在什麼情境下才是可勝，又在什麼情境下

❻太宗曰：「朕觀千章萬句，不出乎『多方誤之』一句而已。」《唐太宗李衛公問對・卷下》

❼靖良久曰：「誠如聖論。大凡用兵，若敵人不誤，則我師安能克哉？譬如弈棋，兩敵均焉，一著或失，竟莫能救。是古今勝敗，率由一誤而已，況多失者乎！」《唐太宗李衛公問對・卷下》

是不可勝呢？

古代兵書對這問題著墨不少。《吳子》就列出八種不必占卜就知道可以勝的情境，在這些狀況下絕對可以出手攻擊，克敵致勝！

這八種情境都是敵軍狀況最艱苦，人、時、地都最不利的時候：疾風大寒，一大早就起床，深夜還遷徙不定，剖冰過河，不怕艱難，此其一也。盛夏炎熱，休息行動都沒有調節，驅使饑渴的軍隊遠距離行軍，此其二也。軍隊在外已久，糧食用盡無有；百姓怨怒，吉凶謠言紛起，在上者也沒法制止，此其三也。軍備資源既竭，柴薪飼料也少，天多陰雨，想掠奪以解不足也無處可去，此其四也。部隊徒眾不多，水源地形都不利，人染疾病馬患瘟疫，四鄰國家沒人來助，此其五也。要走的路還很遠而天色已暮，兵眾又累又怕，疲倦而還沒吃東西，卸下盔甲正在休息，此其六也。將領的能力薄弱，幹部輕浮不實，士卒動搖，三軍屢起驚慌，也沒有援軍來助，此其七也。佈了陣但尚未就緒，開始紮營但還沒完畢，途經崎嶇艱險之地，一半已過，一半還在其中，此其八也。❽

《吳子》也列出六種不必占卜就知道絕對沒法子戰勝的情境，在這些狀況下千萬別動手，反而要選擇避過敵人的鋒芒，躲開為

❽吳子曰：「凡料敵，有不卜而與之戰者八：一曰疾風大寒，早興寤遷，剖冰濟水，不憚艱難。二曰盛夏炎熱，晏興無間，行驅飢渴務於取遠。三曰師既淹久，糧食無有，百姓怨怒，祆祥數起，上不能止。四曰軍資既竭，薪芻既寡，天多陰雨，欲掠無所。五曰徒眾不多，水地不利，人馬疾疫，四鄰不至。六曰道遠日暮，士眾勞懼，倦而未食，解甲而息。七曰將薄吏輕，士卒不固，三軍數驚，師徒無助。八曰陳而未定，舍而未畢，行阪涉險，半隱半出。諸如此者擊之勿疑。」《吳子・料敵第二》

上！

土地廣大，人民富眾，此其一也。上愛其下，恩惠遍及各方，此其二也。賞必有信，刑必明察，都恰當其時，此其三也。依功序列，任賢使能，此其四也。軍隊人數多，裝備精良，此其五也。有四鄰國家的幫助，大國的援助，此其六也。❾

提高勝率的情境模式範本

除了以上，吳起還在《吳子・料敵第二》中向魏武侯闡明十三種敵人「趨其危，必可擊」的狀況，姜太公在《六韜・龍韜・兵徵》中也對周武王詳述「精神先見，預見勝敗之徵」的道理和諸多相關徵兆，孫子也說過預知戰爭勝利的方法有五種：看清楚狀況、知道可不可以開打的會勝利，知道運用寡眾兵力的會勝利，軍隊上下一心的會勝利，以充分準備對應敵人怠忽的會勝利，將帥能幹而國君不干涉牽制的會勝利；這都是古代學兵者必學、必知，以判斷敵人可勝或不可勝的兵學專業知識。❿

古代戰場上作戰，哪些情境是敵人可勝，哪些情境是敵人不可

❾ 有不占而避之者六：一曰土地廣大，人民富眾。二曰上愛其下，惠施流布。三曰賞信刑察，發必得時。四曰陳功居列，任賢使能。五曰師徒之眾，兵甲之精。六曰四鄰之助，大國之援。凡此不如敵人，避之勿疑。所謂見可而進，知難而退也。《吳子・料敵第二》

❿ 故知勝者有五：知可以戰與不可以戰者勝，識眾寡之用者勝，上下同欲者勝，以虞待不虞者勝，將能而君不御者勝。此五者，知勝之道也。《孫子兵法・謀攻第三》

勝，熟讀兵書就可以知道。人類的其他競爭活動中，也都可以各自歸納出一套情境模式範本，列出哪些是可以擊敗對手的情境，哪些又是不能擊敗對手的情境。

累積特定產業及相關市場的專業知識和經驗，有助於我們對特定產業市場歸納出「可勝？不可勝？」的情境模式範本。手握這樣的情境模式範本，知道對手「可勝？不可勝？」能幫助我們在瞬息萬變、分秒必爭的競爭環境中，在第一時間就針對攻擊與否做出正確的決定，提高我們在競爭中勝出的機率！

安陵纏的知時、待時

講一則聽過的人都拍案叫絕的故事，說明「知時」、「待時」的神奇效果。故事有點長，但絕對精彩！

且說戰國時代的安陵纏長得非常俊美，因此得到楚共王的喜愛。⓫

江乙去見安陵纏，問他：「你的祖先對楚國建有戰功嗎？」安陵纏說：「沒有。」江乙又問：「那你自己對楚國建有戰功嗎？」

⓫ 安陵纏以顏色美壯，得幸于楚共王。《說苑・權謀第十三》

安陵纏說：「也沒有。」江乙說：「那你為什麼會這樣尊貴、受到大王的寵愛呢？」安陵纏說：「我也不知其所以然。」江乙說：「我聽說，以金錢財物討好別人者，錢一用盡交情也就淡了；以美色討好別人者，失去美色所受的寵愛也就沒有了。今天你的俊美，有一天會失去，你要如何才能永保大王對你的寵愛呢？」安陵纏問：「我年輕而不聰明，希望先生指教。」江乙說：「只有告訴大王你要為他陪葬，才可以永保大王對你的寵愛。」安陵纏說：「敬聞先生的指示！」江乙就離開了。⓬

過了一年，江乙遇到安陵纏，問他：「之前所告訴你的事，你向大王報告了嗎？」回答說：「還沒。」又過了一年，江乙又見到安陵纏而問他：「你向大王報告了嗎？」安陵纏說：「我還沒有找到他有空的時候啊。」江乙說：「你外出時和大王坐同一輛馬車，在宮內和大王坐同一張桌子。過了三年還沒空向大王報告，你是沒有把我說的話當一回事啊！」拂袖而去。⓭

那一年，共王到江渚野外打獵，經典中描述得好美：「野火之起若雲蜺，虎狼之嘯若雷霆」。有隻犀牛從南方衝過來，撞上共王車子的左邊，共王舉起旌旗，號令善射的隨從射箭，一箭就把犀牛

⓬江乙往見安陵纏，曰：「子之先人豈有矢石之功於王乎？」曰：「無有。」江乙曰：「子之身豈亦有乎？」曰：「無有。」江乙曰：「子之貴何以至於此乎？」曰：「僕不知所以。」江乙曰：「吾聞之，以財事人者，財盡而交疏；以色事人者，華落而愛衰。今子之華，有時而落，子何以長幸無解于王乎？」安陵纏曰：「臣年少愚陋，願委智于先生。」江乙曰：「獨從為殉可耳。」安陵纏曰：「敬聞命矣！」江乙去。《說苑・權謀第十三》

⓭居期年，逢安陵纏，謂曰：「前日所諭子者，通之於王乎？」曰：「未可也。」居期年，江乙復見安陵纏曰：「子豈諭王乎？」安陵纏曰：「臣未得王之間也。」江乙曰：「子出與王同車，入與王同坐。居三年，言未得王之間乎？以吾之說未可耳。」不悅而去。《說苑・權謀第十三》

殺死在車下。共王大為高興，拍手而笑，回頭對安陵纏說：「我萬歲以後，這種快樂你要和誰共享啊？」⓮

安陵纏退了幾步，流下眼淚打溼了衣衿，抱住共王說：「大王萬歲以後，臣要為大王陪葬，又哪裡會知道誰能再享這種快樂？」共王聽了，大為高興，立刻在車下加封安陵纏三百戶。所以說：江乙善謀，安陵纏知時。⓯

如果安陵纏不知時，聽了江乙的建議就立刻興沖沖去見共王：

「大王、大王，臣有事稟報！」

「愛卿，何事稟報？」

「報告大王，您往生萬歲時，臣要為您陪葬殉死！」

如果戲碼是這樣演出的話，共王肯定不但不會加封安陵纏三百戶，還一頭霧水、搞不懂安陵纏沒頭沒尾地在說些什麼？共王可能會認為安陵纏瘋了，安陵纏甚至於會觸了共王的霉頭，種下失寵的種子！

安陵纏的知時、待時，就在於他知道什麼時候敵人可勝，知道共王在什麼時候會被自己以身相殉的話所感動！

⓮其年，共王獵江渚之野，野火之起若雲蜺，虎狼之嘷若雷霆。有狂兕從南方來，正觸王左驂，王舉旌旄，而使善射者射之，一發，兕死車下。王大喜，拊手而笑，顧謂安陵纏曰：「吾萬歲之後，子將誰與斯樂乎？」《說苑•權謀第十三》

⓯安陵纏乃逡巡而卻，泣下沾衿，抱王曰：「萬歲之後，臣將從為殉，安知樂此者誰？」於是共王乃封安陵纏於車下三百戶。故曰：「江乙善謀，安陵纏知時。」《說苑•權謀第十三》

孕育勝機，耐心等待

可勝的情境不會自動從天上掉下來；善戰者會主動積極孕育可以戰勝敵人的情境。

姜太公在回答周文王所問文伐的問題時，曾說在戰場之外可以對敵人執行的文事作戰有十二項，全做到了，就可以接著執行武力作戰。所謂上觀天文、下察地理，當看到敵人敗亡的徵兆已經顯露出來，就是可以展開征伐的時候了。⑯

而在武力作戰之前，當敵人敗亡——也就是「敵可勝」——的徵兆出現之前，可不能閒著，該忙著文伐的事，努力暗中促成「敵可勝」的情境早日孕育成熟！

待敵可勝，就是西方人所說的：「好運總是以頭獎賞賜給那些等待的人。」

要知道如何等待。懂得等待彰顯一個人心地高貴、具有耐心，永遠不匆匆忙忙做事，也永遠不被情緒所掌控。人必先掌控自己、做自己的主人，才能掌控別人、當別人的主人。人必先穿過時間所佔據的外圍，才能來到位於中心的機會。⑰

⑯ 太公曰：「凡文伐有十二節……，十二節備，乃成武事。所謂上察天，下察地，徵已見，乃伐之。」《六韜・武韜・文伐》

⑰ Know how to wait. It is a sign of a noble heart to be endowed with patience, never to be in a hurry, never to be given over to passion. First be master over yourself if you would be master over others. You must pass through the circumference of time before arriving at the center of opportunity. —— *The Art of Worldly Wisdom*, No. 55

有智慧的等待讓成功醞釀、讓手段成熟。及時的效果比大力士海格力士的鐵鎚還有用。神自己不以鐵腕、而以時間來懲罰人。有個很棒的說法：「當時間與我站在同一邊，我們可以擊敗任何其他兩個人的聯手。」18

等可以打敗敵人時再發動攻擊；等女朋友想嫁時再向她求婚；等別人急著要瞭解某件事時再對他提供資訊；等別人需要時再對他伸出援手。善用「待敵可勝」的智慧，你的打擊率和上壘率都會高得嚇人！

18 A wise reserve seasons the aims and matures the means. Time's crutch effects more than the iron club of Hercules. God himself chastens not with a rod but with time. "Time and I against any two," is a great saying. Fortune rewards the first prize to those who wait.—— *The Art of Worldly Wisdom*, No. 55

第十篇

當機立斷

見到有利不可失去，遇到時機不可遲疑。

在人生的各項選擇中，最忌諱的是什麼？猶豫、狐疑，不能抓住關鍵機會，立刻決定。

機，要發在對手無可逃逸之時，要洞燭機先，掌握當下，更要事先準備，隨時待機，在「機」稍縱即逝之前，發揮最大效果！

人生如棋，抓住關鍵

二十一歲時就首次奪得世界棋王頭銜，稱霸棋壇二十年，後來更為美國《華爾街日報》（*Wall Street Journal*）撰寫專欄的西洋棋王卡斯巴洛夫（Garry Kasparov）寫了一本以西洋棋論人生策略的書，其中引用另一位知名西洋棋王史巴斯基（Boris Spassky）的觀察：在下棋時能夠認出什麼時候棋局勝負的關鍵來臨，是決定棋士棋力高下的最好指標。❶

受到體力和精神的限制，沒有任何棋士可以在每一局棋中的每分、每秒都維持最佳狀態；重要的是，能不能在漫長的棋局中認出勝負關鍵的即將來臨，從而打起精神，全神貫注，在關鍵時刻做出最正確、最好的決定，奮力一搏——這就是決定棋局勝負、決定棋士孰優孰劣的因素！❷

同樣的，沒有任何人可以在生命中的每月、每日、每時都維持最佳狀態，以面對人生的挑戰；重要的是，能不能認出生命中重要關鍵時刻的即將來臨，從而打起精神，全神貫注，在關鍵時刻做出最正確、最好的決定，奮力一搏——這就是決定人生成敗，決定一

【典籍出處】

❶ World champion Boris Spassky once observed that "the best indicator of a chess player's form is his ability to sense the climax of the game".——*How Life Imitates Chess*

❷ It is virtually impossible to always play the best moves because accuracy comes at the expense of time and vice versa. But if we can detect the key moments we can make our best decisions when they matter most.——*How Life Imitates Chess*

個人是不是擁有一個「不虛此行」人生的因素！

關鍵時刻，Tipping Point

我們老祖先對「機」所做的詮釋，含義甚廣，不只包括棋局或人生的關鍵時刻。

機是勢的維繫處、事的轉變處、物的緊切處、時的湊合處。機是稍縱即逝的，當下此刻是機，片刻後就不是機；抓住了就是機，失去了就不是機。對機的考慮要深謀遠慮，密而不宣，要明辨機的生成，要當機毫不猶豫地做出正確的決定！❸

由以上「機」的詮釋，對我們日常生活中常用到的「機會」、「危機」、「機關」、「軍機」、「機要」、「先機」這些詞彙，當更能清楚明白瞭解它們的意思了。

機的醞釀生成，總開始在陰暗隱秘的地方，然後才以正大光明的跡象顯現出來！

在周文王齋戒七天之後，姜太公如此回答文王詢問有關建國之道的問題：聖人之在天地之間，其意義至為重大；因此其行動必須

❸ 勢之維繫處為機，事之轉變處為機，物之緊切處為機，時之湊合處為機。有目前即是機，轉瞬處即非機者；有乘之即為機，失之即無機者。謀之宜深，藏之宜密。定於識，利於決。《兵經百言・智部・機》

與時勢變化相應和。天下的形勢，若從外表觀察，人民總是平靜安定的；但人民的內心則常是天下動亂的機，機一動，天下得失的鬥爭就開始了！所以機的發動，最初總在陰暗隱秘的地方，但若要運用這個機來端正天地綱常，就必須以正大光明的行動做為創始，讓天下的人都來應和！等到天下又回到常態時，既不要進爭其功，也不要退遜其位。如此革命建國，就能與天地同光了！❹

各種「機」的孕育無聲無息，一旦生發，其影響之大，古籍早有記載。天所生的殺機，一旦發動，星宿移位；地所生的殺機，一旦發動，河海中的龍蛇紛紛上陸；人所生的殺機，一旦發動，天翻地覆！❺

而群經之首的《易經》，就是一本羅列宇宙天地間各種「機」的著作。

無「機」不成事

周武王曾向姜太公請教：「敵人厲害，對我方的狀況知之甚詳，對我方的戰略戰術也很瞭解，我們要怎樣才能打勝仗？」太公

❹ 聖人之在天地間也，其義固大矣。因其常而視之，則民安。夫民動而為機，機動而得失爭矣。故發之以其陰，會之以其陽，為之先倡，而天下和之。極反其常，莫進而爭，莫退而遜。守國如此，與天地同光。《六韜・文韜・守國》

❺ 天發殺機，移星易宿；地發殺機，龍蛇起陸；人發殺機，天地反覆。天人合發，萬變定基。性有巧拙，可以伏藏。九竅之邪，在乎三要，可以動靜。《太公陰符經・神仙抱一演道章》

回答：「打勝仗的秘訣，在於很快抓住並善用對我方有利的機會，而使我方獲得利益，在敵人沒有想到的時、地發動攻擊。」❻

照太公的說法，兵勝之道，至少在兩軍對峙、相殺的戰場上，是看誰能先認出、抓住且善用對自己有利的機會。

武經七書之一的《吳子》也講到「機」，並把它分為「氣機」、「地機」、「事機」和「力機」四種，認為四機是作戰成敗的關鍵；知道這四個關鍵，是為將者的基本條件。❼

三軍之眾，百萬之師，士氣盛衰銳鈍的掌握只在於一人，這是氣機；路狹道險，名山大塞，只要有十個人防守，一千人來攻都過不去，這是地機；善用間諜，以輕兵往來，分散敵人的部隊，使其君臣相互怨恨，上下互相憎惡，這是事機；戰車堅固妥善，船上櫓楫順暢，士卒熟習戰陣操練，戰馬熟悉戰場馳逐，這是力機。❽

諸葛亮曾說：愚蠢的人打敗有智慧的人稱之為「逆勢而為」；有智慧的人打敗愚蠢的人稱之為「順勢而為」；有智慧的人棋逢敵手，要打敗同樣有智慧的人，則要靠「機」。❾

和《吳子》稍有不同，他把機分為事機、勢機和情機三種。事機發生了而不能因應，是沒有智慧；勢機起動了而不能掌握使用，

❻武王曰：「敵知我情，通我謀，為之奈何？」太公曰：「兵勝之術，密察敵人之機而速乘其利，復疾擊其不意。」《六韜・武韜・兵道》

❼吳子曰：「凡兵有四機：一曰氣機，二曰地機，三曰事機，四曰力機。……知此四者，乃可為將。」《吳子・論將第四》

❽吳子曰：「三軍之眾，百萬之師，張設輕重在於一人，是謂氣機；路狹道險，名山大塞，十夫所守，千夫不過，是謂地機；善行間諜，輕兵往來，分散其眾，使其君臣相怨，上下相咎，是謂事機；車堅管轄，舟利櫓楫，士習戰陣，馬閑馳逐，是謂力機。」《吳子・論將第四》

❾夫以愚克智，逆也；以智克愚，順也；以智克智，機也。《將苑・機形第二十二》

是不夠賢能；情機發生了而不能行動，是不夠勇敢。諸葛亮認為：善為將帥的人，必是因「機」而立勝，因為擅長抓住和利用突然發生的機會而獲得勝利！❿

所有兵家對「機」的闡述和論點，在人生的其他面向上都可以一體適用；可以說是：人生不論任何事，都是無「機」不成！

「機」的生成與掌握

《兵經百言》中的另一個字「發」，和「機」有很大的關聯。「發」，要在什麼時候？一定要在敵人無處、無法可逃的時候發動——也就是要在「機」生成時發動。太早發動，敵人會跑掉；太晚發動，機會會喪失。所以善於用兵的人，一定先要把敵人引到一個無處可逃、無法可逃的處境下，才予以痛擊！⓫

敵人有處可逃、有法可逃，還稱不上是有利於我方之機。有利於我方之機，只要被我抓住，敵人必定無處可逃、也必定無法可逃！

在兵戰中，掌握「機」是攸關勝負生死的事。

❿ 其道有三：一曰事，二曰勢，三曰情。事機作而不能應，非智也；勢機動而不能制，非賢也；情機發而不能行，非勇也。善將者，必因機而立勝。《將苑・機形第二十二》

⓫ 制人於危難，扼人於深絕，誘人於伏內。張機投阱，必度其不可脫而後發。蓋早發敵逸，猶遲發失時。故善用兵者，制人於無可逸。《兵經百言・法部・發》

掌握必勝的方法，指揮分合奇正變化，都在於抓住了「機」。若不是有智慧的人，怎能識出機而加以利用呢？辨識機的方法，在於洞燭機先，在機還沒有生發前就觀察到蛛絲馬跡。⓬

當猛獸遭困受傷時，小孩子也可以拿戟矛加以追趕；蜂蠆毒針刺人，壯漢也會徬徨失色。這都是機，都是沒有想到的突發狀況，變化太快，令人無法加以考慮。⓭

機未發之前，固然難以預料，機已發之後，也不可以無以應對，否則機就白白喪失了！⓮

下棋時，先手很重要，為了掌握那一手致人的先機，不失去對敵人排山倒海、步步進逼的主動權，許多棋手寧願被對手吃掉幾子，也要搶得一手先機。⓯

利不可失，機不可遲

作戰的要訣在於速戰速決，乘敵人沒有準備時，自敵人沒有想到的路徑而來，攻擊敵人沒有戒備的地方。⓰

要速戰速決，首在決定要快，就是要當機立斷！

⓬夫必勝之術，合變之形，在於機也。非智者孰能見機而作乎？見機之道，莫先於不意。《將苑・應機第三十三》

⓭故猛獸失險，童子持戟以追之；蜂蠆發毒，壯夫徬徨而失色。以其禍出不圖，變速非慮也。《將苑・應機第三十三》

⓮機之未至不可以先，機之已至不可以後。《續資治通鑑・卷一百四十二》

⓯法曰：寧輸數子，勿失一先。……與其戀子以求生，不若棄子而取勢，與其無事而強行，不若因之而自補。《棋經十三篇・合戰第四》

⓰兵之情主速，乘人之不及，由不虞之道，攻其所不戒也。《孫子兵法・九地第十一》

戰場是一失手就喪命的地方，抱著必死的決心和敵人戰鬥就能存活，想僥倖留下性命的一定活不了。善於為將帥者，有如坐在下沉中的漏船上，有如待在火燒就要坍塌的房子裡；在那種環境下，智者來不及計謀，勇者之怒也無處可施，只有當機立斷，下定決心，與敵人周旋死戰了。用兵的敗筆，以猶豫不決最大，軍隊所遇到的災禍，都是由狐疑多慮、畏首畏尾而生的！⓱

善於用兵的人，在等待機時安靜不撓，見到可勝之機則起而行動，還見不到可勝之機就靜而不動。無所恐懼，無所猶豫。用兵之害，猶豫最大；三軍之災，莫過狐疑。善於用兵的人，見到有利不可失去，遇到時機不可遲疑。失去有利，錯過時機，反而會受到禍害。所以有智慧的人抓住機就不放過，巧慧的人毅然決斷而不會猶豫。⓲

當機立斷的聲勢驚人！所展現的行動，迅雷不及掩耳，迅電不及眨眼。奔赴之急速，有若受到驚嚇；用力之猛，有若發了狂。敢抵擋它的，一定被擊破；靠近它的，必定覆亡；是沒有人能夠抵禦的！⓳

⓱ 吳子曰：「凡兵戰之場，立屍之地，必死則生，幸生則死。其善將者，如坐漏船之中，伏燒屋之下，使智者不及謀，勇者不及怒，受敵可也。故曰：用兵之害，猶豫最大，三軍之災，生於狐疑。」《吳子・治兵第三》

⓲ 善戰者，居之不撓，見勝則起，不勝則止。故曰：無恐懼，無猶豫。用兵之害，猶豫最大；三軍之災，莫過狐疑。善戰者，見利不失，遇時不疑。失利後時，反受其殃。故智者從之而不失，巧者一決而不猶豫。《六韜・龍韜・軍勢》

⓳ 是以迅雷不及掩耳，迅電不及瞑目。赴之若驚，用之若狂；當之者破，近之者亡，孰能禦之！《六韜・龍韜・軍勢》

待機如處女，用機似脫兔

為什麼同一位將帥、同一支軍隊，會在開始時像一個處女般安靜不動，但是當敵人露出破綻弱點之後，就像飛奔的兔子一樣，對敵人的弱點猛烈攻擊，讓敵人無法抵擋？[20]

處女、脫兔的分別，就在一個「機」！一旦敵人露出破綻弱點，那就是久候苦等的機，就該緊緊抓住，好好把握，傾全力攻擊敵人的弱點，當頭痛擊，把他擊潰！《呻吟語》說得好：

> 事到手且莫急，便要緩緩想；想得時切莫緩，便要急急行。

要對機有完整的瞭解，就不能不知道如何認出機的到來，在認出機的到來後，又要怎樣做出正確的決定，把機所帶來的效果發揮得淋漓盡致！

但當機立斷可不是莽撞地投入，而是要有準備的。第八篇〈不豫則廢〉讓我們知道：若平常沒有準備好，即使機來了也認不出，即使認出機也不知道可以採取哪些行動，即使知道可以採取哪些行

[20] 是故始如處女，敵人開戶；後如脫兔，敵不及拒。《孫子兵法・九地第十一》

動也沒法做出正確的選擇，即使考慮到了正確的選擇也會猶豫不決，錯失那「機」的短暫窗口！

要做到當機立斷，進而得到成功，還真不容易呢！

第十一篇

迂迴至要

迂迴前進是達到目標最快、最有效的方法。

要達到目標，最快、最有效的路線怎麼走？
一如「正言若反」，迂迴才是兩點之間最短的距離。
迂迴能規避阻力，往往後發先至，
當我們耐心走完迂迴的道路，
在眼前的就是那衷心期待的結果。

迂迴前進才能直達目標

學校數學課本告訴我們：兩點間最短的距離是直線。數學上正確的立論，未必是正確的人生智慧。數學上，兩點間最短的距離是直線；做人處世上，除了極少數幸運情境，目標可以輕鬆地一蹴可幾，由出發點到達目標，最快、最有效的途徑往往是一條迂迴前進的路線。

迂迴前進的路線才能有效地達成原擬直行的目標，這個道理，我們的老祖先早就知道了，多少耳熟能詳的典故和用語都隱含其中：圍魏救趙，圍魏就是迂迴；工欲善其事，必先利其器，利其器就是迂迴；欲擒故縱，縱就是迂迴；調虎離山，自己上山是目的，調虎離山全是迂迴。

迂迴是將帥和敵人作戰時必知的兵法要領。作戰的困難處，在於要以迂迴的路線取代直接的路線，要在患害之中找到利益。採取迂迴的路線，並且誘敵以利，要比敵人晚出發，卻能比敵人先到達目的地，這就是懂得以迂為直計策的將帥。❶

【典籍出處】

❶ 軍爭之難者，以迂為直，以患為利。故迂其途，而誘之以利，後人發，先人至，此知迂直之計者也。《孫子兵法•軍爭第七》

以迂為直，後發先至

迂迴的距離較直行遠，為什麼還能後發先至，比敵人晚出發卻比敵人先到達目的地？這是因為迂迴所走的路，是經過選擇，避開了敵人、繞過了險境；距離雖較直行為遠，反而能在阻礙較小的狀況下迅速向前邁進。更有甚者，在軍事作戰上，不乏以急行軍完成迂迴，達到後發先至的目的。

《孫子兵法》有云：「先知道迂直計謀的一方就能夠得到勝利，這是兩軍相爭作戰的方法。」而《孫子兵法》所教軍爭中治氣、治心、治力、治變的要領，若不是必須靜以待時，就是必須迂迴而進。而若不能安全地留在原地不動，連靜以待時也得藉著迂迴轉進來達到目的。❷

美國職業籃球ＮＢＡ對球隊和球員的表現有各種統計數字，其中之一「助攻」，對贏球的重要性不亞於投籃得分和搶下籃板球。一名球員不自己直接出手投籃，而把球傳給較沒人防守、出手投籃有更高得分機率的隊友，這樣的傳球可以傳好幾次，直到一名隊友找到防守空檔出手投籃；若得了分，傳球給得分者的球員就算

❷先知迂直之計者勝，此軍爭之法也。……故善用兵者，避其銳氣，擊其惰歸，此治氣者也。以治待亂，以靜待譁，此治心者也。以近待遠，以逸待勞，以飽待飢，此治力者也。無邀正正之旗，勿擊堂堂之陣，此治變者也。《孫子兵法・軍爭第七》

得到一次助攻。

中國的經典中沒提到打籃球和助攻的迂迴，但細讀道、神、聖、賢經典中的心性智慧，許多都有「迂迴至要」的精義在內，值得稍做介紹，以證明其運用之廣。

迂迴的運用

一、目標的迂迴

仁義忠信，樂善不倦，這是老天爺頒賜的爵位，也就是所謂的「天爵」；人人都想要得到、公卿大夫的地位和俸祿，是人頒賜的，這是所謂的「人爵」。古人勤修仁義忠信，樂善不倦的德行，得到天爵之後，人爵自然跟著來。[3]

想得到人爵，反而應該拋掉人爵的念頭，瞄準天爵，向天爵邁進！這是目標的迂迴！

二、手段的迂迴

古代的聖王明君為求成事，都是要下一番大功夫的。始於事先

[3] 孟子曰：「有天爵者，有人爵者。仁義忠信，樂善不倦，此天爵也；公卿大夫，此人爵也。古之人修其天爵，而人爵從之。」《孟子・告子上》

詳細策劃，考慮清楚，再卜筮加以驗證。為求集思廣益，擴大共識的基礎，讓沒有任官的士人也參與謀劃，讓割草砍柴的役夫也都做出貢獻。因此，做了那麼多的事，卻都沒有任何誤籌失策的狀況發生。❹

《兵經百言》這本兵書對什麼是「智」，在〈智部〉起首就開宗明義地以如下的說明涵蓋了二十八個與鬥智有關的字或是招數：先、機、勢、識、測、爭、讀、言、造、巧、謀、計、生、變、累、轉、活、疑、誤、左、拙、預、迭、周、謹、知、間、秘。❺鬥智用計少有一計得逞、讓敵人一招斃命的！必定是準備充分，一環扣一環的連環計，也許《兵經百言・智部》所講的二十八招都必須用上，真正做到「預布疊籌」，也真可謂是迂迴到了極至了！這是手段的迂迴！

三、時間的迂迴

成功不是吃速食快餐，一想到就能立刻達成目的，是鮮少發生的！絕大多數的情境是：一心想快，不論是因而走上歧途捷徑、或是偷工減料、或是忙中出錯，反而離原先設定的目標愈來愈遠。❻

❹聖王之舉事，必先諦之於謀慮，而後考之於著龜。白屋之士，皆關其謀；芻蕘之役，咸盡其心。故萬舉而無遺籌失策。《說苑・權謀第十三》

❺據兵之先，唯機與勢。能識測而後爭乃善。可不精讀兵言以造於巧乎？至於立謀設計，則始而生，繼而變，再而累，自是為轉為活，為疑為誤，無非克敵之法，不得以左，乃用拙。總之，預布疊籌，以底乎周謹，而運知行間，乃能合之以秘也。《兵經百言・智部》

❻子曰：「無欲速，無見小利；欲速則不達，見小利則大事不成。」《論語・子路篇》

黃石公送給張良的《黃石公素書》講求做事要本於盛衰之道，合乎成敗之數；乘治亂之勢，具去就之理；而在那些興盛、成功、平治或出仕的條件尚未具備時，就要潛居抱持著道、學本事、練功夫，等待條件成熟、時機來臨！❼

一個能夠做到「抱道以待其時」的人，結果會如何？《素書》進一步說明：天時到了，施展抱負，可以登上人臣的最高位，一人之下，萬人之上；機會來了，乘機而動，可以成就絕代的功名大業！❽

別貪快，潛居抱道以待其時，就是時間上的迂迴！

四、禍福的迂迴

《道德經・第五十八章》有禍福是一先一後、接踵而至的說法：「禍兮福之所倚，福兮禍之所伏。」也可以說：禍福都是迂迴降臨，都是批著正好相反的外衣降臨！

人有禍，心裡就畏懼恐慌；心裡畏懼恐慌，行為就端莊正直；行為端莊正直，思慮就成熟；思慮成熟，就能領悟出事情的道理。行為端莊正直，就不會有災禍傷害；沒有災禍傷害，就可以享盡老

❼ 賢人君子，明於盛衰之道，通乎成敗之數，審乎治亂之勢，達乎去就之理。故潛居抱道以待其時。《黃石公素書・原始章第一》

❽ 若時至而行，則能極人臣之位；得機而動，則能成絕代之功。如其不遇，沒身而已。是以其道足高，而名重於後代。《黃石公素書・原始章第一》

天爺給的壽命。領悟出事情的道理，做事必定成功。享盡老天爺給的壽命，就能圓滿高壽。做事必定成功，就能既富且貴。全壽富貴就叫做福，福因此是由禍而來的，所以說：「禍兮福之所倚」。❾

人有福，富貴就來了；富貴來了，就吃好的穿好的；吃得好穿得好，驕恣的心就產生了；產生了驕恣心，行為就邪僻，舉止就背棄道理。行為邪僻，身體就早亡；舉止背棄道理，做事就難以成功。對內有早亡的災難，對外做事又不能成功，這就是大禍，禍因此是由福而來的，所以說：「福兮禍之所伏」。❿

禍福因此是穿著彼此的外衣，迂迴降臨的！這讓我們學到：遇到禍，別驚慌，要以善心度過；遇到福，別高興，要以靜心待之。這就是禍福的迂迴！

五、作戰的迂迴

攻伐敵國，若能屈服了敵人，卻還能保全敵國的城池、軍隊、人民、牲畜、財貨，使戰勝的成果得以保全，為我所用，不使它成為我的負擔，這是用兵的上策。所以不戰而屈人之兵者，被認為是最高明、最會用兵的人。⓫

❾ 人有禍，則心畏恐；心畏恐，則行端直；行端直，則思慮熟；思慮熟，則得事理。行端直，則無禍害；無禍害，則盡天年。得事理，則必成功。盡天年，則全而壽。必成功，則富與貴。全壽富貴之謂福。而福本於有禍。故曰：「禍兮福之所倚」。以成其功也。《韓非子・解老》

❿ 人有福，則富貴至；富貴至，則衣食美；衣食美，則驕心生；驕心生，則行邪僻而動棄理。行邪僻，則身死夭；動棄理，則無成功。夫內有死夭之難而外無成功之名者，大禍也。而禍本生於有福。故曰：「福兮禍之所伏」。《韓非子・解老》

⓫ 孫子曰：凡用兵之法，全國為上，破國次之；全軍為上，破軍次之；全旅為上，破旅次之；全卒為上，破卒次之；全伍為上，破伍次之。是故百戰百勝，非善之善者也；不戰而屈人之兵，善之善者也。《孫子兵法・謀攻第三》

原要在戰場上廝殺一決勝負的攻伐之事，卻要不戰而屈人之兵，不迂迴，哪能做到？

而不論不戰而屈人之兵的目標能不能達成，掀起戰端、開始武伐之前，必有文伐。

姜太公對周文王說，當十二項文伐的工作都完備了，就可以用武力攻伐了；這些文伐就是作戰的迂迴！⓬

六、施恩的迂迴

想要示好以收攬人心，如果迂迴一下，不論是由於自己的促成，或是坐收外在環境演變的成果，在對方陷入困境之後再示好，則原來一分的示好在對方心中變成十分，原來十分的示好在對方心中變成百分！

唐太宗想讓擁有赫赫戰功的李勣（唐初大將徐世勣，字懋功，因功受賜姓李），在太子登基後輔佐新皇帝，卻又擔心李勣功高震主，新皇帝對他難以駕馭。年紀已經一大把的李衛公李靖建議太宗先把李勣罷黜，等太子登基後再復用李勣，這樣一來，李勣對新皇帝必定感恩圖報，死心蹋地為其所用！⓭

⓬太公曰：「凡文伐有十二節，……十二節備，乃成武事。所謂上察天，下察地，徵已見，乃伐之。」《六韜・武韜・文伐》

⓭太宗曰：「卿嘗言李勣能兵法，久可用否？然非朕控御，則不可用也。他日太子治，若何御之？」靖曰：「為陛下計，莫若黜勣，令太子復用之，則必感恩圖報，於理有損乎？」太宗曰：「善！朕無疑矣。」《唐太宗李衛公問對・卷下》

李靖的「先黜再任」之計，是施恩的迂迴，由太宗的罷黜李勣替太子創造日後對李勣大施浩蕩皇恩的機會。以籃球術語來說：太子投籃命中得分，太宗也得到一次助功，而這些都要感謝足智多謀、精通兵法的教練李靖。這就是施恩的迂迴！

七、言辭的迂迴

要說服別人，讓聽者接受你的建議或要求，要領不在於開門見山、直搗黃龍地提出建議或要求，而在於繞道而行，鋪陳布局，讓聽者自己想到你原要提出的建議或要求。

遊說必得迂迴，把真正的意圖包裝或掩飾起來。遊說的要訣，在於懂得為聽者得意的事吹噓，而掩飾他覺得羞恥的事：他有急著想做利於自己的事，就要鼓吹那件事對大眾的好處而強要他去做；他心中覺得羞恥卻不能不做的事，就要吹噓那件事的好處，細說不做的遺憾；他心中覺得高尚卻做不到的事，就要舉出那件事的毛病，對他的不做加以讚揚。⓮

勸諫也得迂迴，用詼諧譬喻的方式來說，才能避免惹火聽者。孔老夫子主張採用諷諫，用諷取代直言，就是迂迴。⓯

⓮ 凡說之務，在知飾所說之所矜，而滅其所恥。彼有私急也，必以公義示而強之。其意有下也，然而不能已，說者因為之飾其美，而少其不為也。其心有高也，而實不能及，說者為之舉其過而見其惡，而多其不行也。《韓非子．說難》

⓯ 三諫而不用則去，不去則身亡；身亡者，仁人之所不為也。是故諫有五：一曰正諫，二曰降諫，三曰忠諫，四曰戇諫，五曰諷諫。孔子曰：「吾其從諷諫乎。」《說苑．正諫第九》

不只開了口要迂迴，沒開口之前就要迂迴了。要先得到國君或老闆的信任，讓他知道你忠心耿耿後再去勸諫，否則國君或老闆就會認為你在毀謗他。⑯

而為了親近聽者，伊尹做過廚子，百里奚曾身為奴隸，這兩個人都是聖人，也不能不屈就低下的工作，以求晉用。⑰

這樣的迂迴，也真是鞠躬盡瘁了！這就是言辭的迂迴！

八、領導的迂迴

當商湯向伊尹請教如何才能取得天下時，伊尹的答覆是：「如果一心只想取得天下，天下是不可能取得的；要想取得天下，首先要把自身治理好。」⑱

孔老夫子也曾闡述身教的道理：在上位的人自己做人處世行得正，不必發號施令，在下位的人就把事情做好了；自己做人處世不正，就是發號施令，在下位的人也不會聽從去把事情做好。⑲

要領導別人，讓眾人跟著你走，要領不在於對眾人發號施令，而在於自己先把該做的事做好，樹立表率。這就是領導的迂迴！

⑯ 子夏曰：「君子信而後勞其民；未信，則以為厲己也。信而後諫；未信，則以為謗己也。」《論語・子張篇》

⑰ 伊尹為宰，百里奚為虜，皆所以干其上也。此二人者，皆聖人也，然猶不能無役身以進，如此其汙也。《韓非子・說難》

⑱ 湯問於伊尹曰：「欲取天下若何？」伊尹對曰：「欲取天下，天下不可取。可取，身將先取。」《呂氏春秋・先己》

⑲ 子曰：「其身正，不令而行；其身不正，雖令不從。」《論語・子路篇》

迂迴至要，正言若反

天下最真實的道理，聽起來都像是在說反話，這是所謂的「正言若反」——是貫穿整本《道德經》的主軸。[20]「迂迴至要」正是「正言若反」觀念的實例：「迂迴至要」——迂迴才是兩點之間最短的距離，乍聽之下，好像反話，其實卻是真理！

有趣的是，「正言若反」也是的「迂迴至要」觀念的實例：聽來像反話的話，當我們迂迴地先抹去表面那層沙，就能發現展現在眼前的真理了！

要在若反的言辭中找到正言，要走完迂迴的途徑達到目的，都需要耐心。但當我們耐心走完迂迴的道路，在眼前的就是那衷心期待的結果，是直搗黃龍可能得不到的結果——那花了心血多走的腳程絕對是值得的！

[20] 天下柔弱莫過於水，而攻堅強者莫之能勝。以其無以易之。故柔勝剛，弱勝強，天下莫不知，莫能行。故聖人云：受國之垢，是謂社稷主；受國不祥，是為天下王。正言若反。《道德經‧第七十八章》

天下柔弱莫過於水，而攻堅強者莫之能勝。以其無以易之。——《道德經・第七十八章》

第十二篇

知所先後

先王處世慎重的地方，貴在分清先後次序！

敲定做不同事情的先後次序，

是西方管理學中「時間管理」的重要觀念，

而本末不分，先後倒置，正是導致今世混亂之因。

分辨本末先後的智慧，早已隱含在經典教誨中，

只要循著正確的先後次序，成功八九不離十！

本末先後的黃金原則

人生的每一刻都在做選擇，都在決定優先次序。因為每個人一生中想做的事很多，每天要做的事很多，但時間、精神、資源有限，不可能事事做，不可能所有事同時做，所以在開始做任何事前，一定要有所選擇。在開始做任何事前，一定要敲定先後次序。

敲定做事的先後次序，是生活在忙碌工商社會中的現代人，天天在做、時時在做的事；也是西方管理學「時間管理」（Time Management）中重要的觀念。

一般人忽略的是，這個分辨本末先後的智慧，咱們的老祖宗在三千年前就已經以白紙黑字、寫得清清楚楚了：「物有本末，事有終始，知所先後，則近道矣。」（《大學・經一章》）

做事若能抓住根本，經過十天的努力，必定有所成就；如果只抓住細微末節，則雖然努力，也必定徒勞無功。國君功成名就，一定是由掌握事物的根本而來，一定是得到賢者的點化而來。若不是賢者，怎能知道事物的變化？所以經典認為：治國的根本在於延攬賢者，這是任何身為國君者應設定為先後次序第一位的事項。❶

【典籍出處】

❶求之其本，經旬必得；求之其末，勞而無功。功名之立，由事之本也，得賢之化也。非賢其孰知乎事化？故曰其本在得賢。《呂氏春秋・本味》

而《潛夫論》有〈務本第二〉專篇，除了主張治理國家的大要，沒有比抑制細微末節而致力於根本更好的了，沒有比背離根本而修治細微末節更壞的了；並進一步明白指出治國的根本內容在富民、正學，而聖明國君治國的方法，就是要以富民、正學做為國家太平的基礎，招來吉祥的徵兆。❷

國君治國有本末，士、農、工、商各行各業亦然。《潛夫論》接著花了甚多篇幅，例舉出富民、百工、商賈、教訓、辭語、列士、孝悌、人臣等的本末，苦口婆心說明當時社會各方面本末錯置的現象，也彰顯「務本」——掌握正確本末先後——在道、神、聖、賢心目中的重要地位！❸

大人之學的進程

《大學》是本 How to Book，說明想成為一個有道德的人，想從政，該如何依階段按部就班、循序漸進地做。除了「物有本末，事有終始，知所先後，則近道矣」這段話明白地宣示了認清本末先後的黃金原則，更在幾件特定事情上明確地指出孰先孰後，本末終

❷ 凡為治之大體，莫善於抑末而務本，莫不善於離本而飾末。夫為國者以富民為本，以正學為基。……故明君之法，務此二者，以為成太平之基，致休徵之祥。《潛夫論・務本第二》

❸ 夫富民者以農桑為本，以遊業為末。百工者以致用為本，以巧飾為末。商賈者以通貨為本，以鬻奇為末。……教訓者以道義為本，以巧辯為末。辭語者以信順為本，以詭麗為末。列士者以孝悌為本，以交遊為末。孝悌者以致養為本，以華觀為末。人臣者以忠正為本，以媚愛為末。《潛夫論・務本第二》

始的各個階段。

《大學》講三綱領，是由人的內在看進德修業的三個階段：始於明明德，再做到親民，最後止於至善。❹

《大學》又講八條目，以另一個角度看一個人進德修業後，外現彰顯的八個階段：格物、致知、誠意、正心、修身、齊家、治國，最後到平天下。❺

《大學》更挑明了說：人生事千千萬萬，而其中最基本的，應該放在人生第一位的就是修身。基本功夫混亂而末節的事情能夠奏效是絕對不可能的；忽視那應該被重視的事，卻重視那應該被忽視的事，而想要有好的結果，也是從來沒有的事！❻

整本《大學》圍繞著本末先後，都在講大人之學的進程。

做人處世的先後之序

「知所先後」四個字，掛在嘴上不難，讀過幾遍《大學》的人都可以朗朗上口。但是，知所先後的困難處，在於正確地決定什麼事該先？什麼事該後？若知道要知所先後，也排出了先後次序，卻

❹ 大學之道，在明明德，在親民，在止於至善。《大學・經一章》

❺ 古之欲明明德於天下者，先治其國；欲治其國者，先齊其家；欲齊其家者，先修其身；欲修其身者，先正其心；欲正其心者，先誠其意；欲誠其意者，先致其知；致知在格物。物格而后知至，知至而后意誠，意誠而后心正，心正而后身修，身修而后家齊，家齊而后國治，國治而后天下平。《大學・經一章》

❻ 自天子以至於庶人，壹是皆以修身為本。其本亂而末治者否矣；其所厚者薄，而其所薄者厚，未之有也。《大學・經一章》

是錯誤的次序，結果將是一塌糊塗，離道愈來愈遠，離正確的目標和結果愈來愈遠！

不選擇經典中所闡述的先後次序來做人處世，就不能夠做一個經典期許的人！所幸隨手翻開一本經典，都可以找到道、神、聖、賢所教導我們做人處世的先後之序，有些講的是原則，更多的是直接講出什麼是本、是首要的事，什麼是末、是次要和隨後的事。

君子的進德修業、由凡入聖是有順序的，像遠行，要由近而遠，像登山，要由低而高。《中庸》引用《詩經・小雅・常棣》所云：「妻子兒女，個個歡喜和合，如同琴瑟和鳴，奏出溫馨的樂章。進而兄弟和睦融洽，同心協力，和氣快活。這樣就能家庭和順，妻子兒女子孫美滿幸福。」孔老夫子也讚美：「做到這樣，父母自然順心，感到安慰！」❼

《中庸》強調的是：進德修業始於人倫，由家庭做起，依夫婦、兄弟、家庭、國家、天下的次序，由近而遠，由低而高。

《論語》以不同的說法，告訴我們同樣的意思：一個人能夠孝順父母，敬重兄長，卻會冒犯位高年長的人，是少之又少的；不會冒犯位高年長的人，卻會做出違反道理作亂的事，是不會有的。君

❼ 君子之道，辟如行遠必自邇，辟如登高必自卑。《詩》曰：「妻子好合，如鼓瑟琴。兄弟既翕，和樂且耽。宜爾室家，樂爾妻帑。」子曰：「父母其順矣乎！」《中庸》

子在根本上下功夫，根本建立了，道自然而生。所以說，對父母盡孝，對兄弟姊妹友愛，是建立仁最根本的功夫了！❽

孟老夫子告訴我們：有智慧的人，沒有事不知道，但必須把當前緊要的事先做完；仁德的人沒有人是他不愛的，但以先親近賢能的人為急務；以堯舜的智慧也不能盡知一切的事，只能先處理重要的事。以堯舜的仁德，也不能盡愛所有的人，只能先親近賢能的人。不能守三年之孝的人，卻細察那三個月緦服和五個月小功服的事，就像吃飯時狼吞虎嚥，卻注意不該用牙齒咬斷肉乾的小節，這就是不知輕重緩急了！❾

《說苑》告訴我們：領導人首要的工作是尊敬賢德的人，待之以禮，任用他們的長才。❿

國君是不是能行道，取決於他由所受到的薰染學習中，有沒有領悟和掌握到最關鍵、先後次序上最重要的事。所以古代善於做國君的，致力於挑選和任用人才，而不介入治國的日常事務，這是他們掌握了治國的正確方法和先後次序。不善於做國君的，勞神傷身，費盡心機，耳目辛苦，結果國家反而愈來愈危險，自身也愈來愈受屈辱，這是他們不懂治國的正確方法和先後次序。不懂要領，

❽有子曰：「其為人也孝弟，而好犯上者，鮮矣；不好犯上，而好作亂者，未之有也。君子務本，本立而道生。孝弟也者，其為仁之本與！」《論語・學而篇》

❾孟子曰：「知者無不知也，當務之為急；仁者無不愛也，急親賢之為務。堯舜之知，而不徧物，急先務也；堯舜之仁，不徧愛人，急親賢也。不能三年之喪，而緦小功之察；放飯流歠，而問無齒決，是之謂不知務。」《孟子・盡心上》

❿人君之欲平治天下而垂榮名者，必尊賢而下士。《說苑・尊賢第八》

沒有用對人，所受的薰染就不會得當，薰染不得當，又如何能行道呢？⓫

道、神、聖、賢經典的每項心性智慧，告訴後人該做什麼、不該做什麼，都有先後次序的教誨隱含其中，讀經典時可別忽略了！

不知本末先後，就不是塊料！

一個人對不可以停止的事竟然停止了，那對他而言，也就沒有什麼事是不能停止的了！一個人對應該厚遇的人竟然予以薄待，那對他而言，也就沒有什麼人不能薄待的了！同理延伸，求學做事上，進步太快的人，一定沒有打好根本的功夫，沒有紮實的基礎，沒有顧到基本面；一旦他後退起來，也一定最快！⓬

君子對禽獸草木的愛，應該依階循序而上，否則便是本末倒置，反而是不仁了；對人民應該仁愛，卻沒有對家人的親情。所以正確的次序是：先親愛自己的家人，再推及到仁愛人民，仁愛人民之後，再推及到愛惜禽獸草木。⓭

當一個人愛物甚過愛生命，當一個人愛小貓、小狗等寵物甚過

⓫ 行理生於當染，故古之善為君者，勞於論人，而佚於官事，得其經也。不能為君者，傷形費神，愁心勞耳目，國愈危，身愈辱，不知要故也。不知要故則所染不當，所染不當，理奚由至？《呂氏春秋・當染》

⓬ 孟子曰：「於不可已而已者，無所不已；於所厚者薄，無所不薄也。其進銳者，其退速。」《孟子・盡心上》

⓭ 孟子曰：「君子之於物也，愛之而弗仁；於民也，仁之而弗親。親親而仁民，仁民而愛物。」《孟子・盡心上》

愛人，當一個人愛陌生人甚過愛親人，我們由這個人的不知本末先後，就知道他出大問題了！如果能在先後次序上做出正確的選擇，努力做下去，一定會得到好結果！

愛護人民、為人民謀福利、增加人民的財富、使人民得到安定，這四項都是由道所產生的。稱帝稱王的人用了它，天下便太平。要稱帝稱王的人，應該先瞭解事情的先後次序；把人民和土地放在優先的地位，那就對了！把尊貴和驕傲放在優先的地位，那就錯了！所以先王處世慎重的地方，貴在分清先後次序！⑭

孰先孰後？結果大不同！

下面一些對比的例子，說明不論任何事，先後次序選擇不同，結果就大不相同！

把花費在無益項目上的費用移到有益項目，做的事就會成功；把花費在宴飲歡樂上的時間移作聽講學習，智慧就會增長；把相信邪道的意念移作相信聖賢，就可以明白大道；把喜好財色的心移作喜好仁義，就可以建立德行；把算計利害的私心移作算計是非，就

⑭ 樞言曰：愛之、利之、益之、安之，四者道之出。帝王者用之，則天下治矣。帝王者，審所先所後；先民與地，則得矣；先貴與驕，則失矣。是故先王慎貴在所先所後。《管子・樞言第十二》

可以培養精氣。國君把供養小人的銀兩移作供養君子，國家就會安定；把獻給異族求和的資財充實國防，兵力就會充足；把保衛自己身家的念頭移作保衛百姓，百姓就會平安。⑮

再者，在體面和廉恥之間，應該選擇廉恥；在以醫藥養生和調養性情養生之間，應該選擇調養性情；在廣結黨羽和以信義示人之間，應該選擇以信義示人。作威作福，不如篤守至誠：多講話，不如留心細微之處：建立廣博的聲譽，不如端正心念：喜好奢華，不如重視清譽：留下廣大田宅，不如留下義理的教誨。⑯

而孟老夫子更為後世留下儒家思想下人生成功的黃金律：修天爵，而人爵從之。天爵是本、是始、是主軸，人爵是末、是終、是從；只要勤修天爵，人爵必定隨之而來！孟老夫子感嘆當時之人修天爵，以便得到人爵；得到人爵後得意之餘，就拋棄了天爵，真是迷惑之極，因此難逃覆亡的結果！⑰

而當今世人根本不修天爵；僥倖到手的人爵當然只是曇花一現、過眼雲煙，身敗家亡也就不足為奇了！

經典闡述本末先後，幾乎無所不包，真是揀到就是寶！學到就受益無窮！

⑮ 移作無益之費以作有益，則事舉。移樂宴樂之時以樂講習，則智長。移信邪道之意以信聖賢，則道明。移好財色之心以好仁義，則德立。移計利害之私以計是非，則養精。移養小人之祿以養君子，則國治。移輸和戎之資以輸軍國，則兵足。移保身家之念以保百姓，則民安。《格言聯璧・惠言》

⑯ 護體面，不如重廉恥。求醫藥，不如養性情。立黨羽，不如昭信義。作威福，不如篤至誠。多言語，不如慎隱微。博聲名，不如正心術。恣豪華，不如樂名教。廣田宅，不如教義方。《格言聯璧・持躬》

⑰ 孟子曰：「有天爵者，有人爵者。仁義忠信，樂善不倦，此天爵也；公卿大夫，此人爵也。古之人修其天爵，而人爵從之。今之人修其天爵，以要人爵；既得人爵，而棄其天爵。則惑之甚者也，終亦必亡而已矣。」《孟子・告子上》

今世混亂，正因本末倒置

歷史上，人類的所做所為失去了本意，造成本末不分、先後倒置的例子很多。即使在古代，就已經令人感嘆：耕作原是為了收成五穀，以為養生之用，讀書原是為了明白道理，這是耕、讀的本來原因；但到了後世，耕、讀卻成了謀取富貴的工具。衣服是用來遮體的，食物是用來充饑的，這是衣食實用的目的；時下的人卻藉衣食比賽豪奢！⓲

但是，本末不分、先後倒置，再也沒有像今世這麼多的了！民主政治下，投票選出來的國家領導人步履蹣跚，多少挾壓倒性選票當選的國家領導人，面對國家社會的問題束手無策，一任還沒做完，就由明星寵兒變成過街老鼠。原因很簡單：原本是手段的選舉變成了目的，原本是目的的治國卻被拋諸腦後，早已沒有政治人物肯潛心下功夫學習治國的本領！《圍爐夜話》所言值得深思：

人皆欲貴也，請問一官到手怎樣施行？人皆欲富也，且問萬貫纏腰如何布置？

⓲耕所以養生，讀所以明道，此耕讀之本原也，而後世乃假以謀富貴矣。衣取其蔽體，食取其充饑，此衣食之實用也，而時人乃藉以逞豪奢矣。《圍爐夜話》

精明幹練的企業家在栽培子女時，重西方專業，輕中國經典，所以在集團企業主往生之後，子女惡形惡狀爭奪家產屢見不鮮，坐實了《小窗幽記・集醒篇》的感嘆：

金帛多，只是博得垂死時子孫眼淚少，不知其他，知有爭而已。金帛少，只是博得垂死時子孫眼淚多，亦不知其他，知有哀而已。

這些有權有勢有錢的人，並非不知道設定先後次序的重要，卻都錯設了先後次序，結果和不知道設定先後次序的重要沒有差別！

以其所不愛及其所愛

二十一世紀的今天，世界局勢混亂，天災人禍頻仍，究其原因，就是人類在選擇本末先後的次序上發生嚴重的偏差。金錢貨幣原本是為了便利貨物流通買賣而立的，貨物為本，金錢貨幣為輔；但今天的資金流自成一個龐大的遊戲，多次金融海嘯由此而來！可以預言：若不調回正確的本末先後次序，更多的金融海嘯必定再來，原本為輔的金錢貨幣反而可能拖垮人類文明！

然則，是誰在決定社會的本末先後次序？古代專制帝王時代下，社會上本、末之消長全取決於國君，不是居在下位的人民所能改變的。人民隨國君的喜好，追逐利益以求生存。所以國君如果務本，則即使是虛假偽裝的人也會回到根本，國君如果追逐末事，那即使是忠厚嚴肅的人也會趨向末事。在今世專制帝王不再的多元社會，國家領導人、有權、有勢、有錢、有名者和各類媒體，取代了過去的國君，成為社會本末先後次序的決定者。⑲

戰國時代的梁惠王為了爭奪土地，犧牲人民的生命，送他們上戰場，吃了大敗仗，還要繼續打下去，又恐怕不能打勝，所以遣送所愛的弟子去送死；結果東敗於齊國，太子申戰死，孟老夫子稱之為「以其所不愛及其所愛」——笨到、傻到、蠢到、昏昧到先顧他所不該愛的，再推及到他所愛的！⑳

無視經典所教正確的本末先後次序，捨本逐末，愈陷愈深，正是「以其所不愛及其所愛也」！國家領導人、有權、有勢、有錢、有名者和各類媒體慎之！戒之！

⑲ 夫本末消息之爭，皆在於君，非下民之所能移也。夫民固隨君之好，從利以生者也。是故務本則雖虛偽之人皆歸本，居末則雖篤敬之人皆就末。《潛夫論・務本第二》

⑳ 孟子曰：「不仁哉，梁惠王也！仁者以其所愛及其所不愛，不仁者以其所不愛及其所愛。」公孫丑曰：「何謂也？」「梁惠王以土地之故，糜爛其民而戰之，大敗，將復之，恐不能勝，故驅其所愛子弟以殉之，是之謂以其所不愛及其所愛也。」《孟子・盡心下》

第十三篇

正名定分

名定則物不競，分明則私不行。

當今社會多元隨性，往往紫之奪朱橫行，名實不副，則人偏、事危、物傾，社會必亂，魚目混珠、掛羊頭賣狗肉的現象隨處可見。要撥亂反正，重建人的價值和生活的重心，必須回到根源，由正名定分做起。

舊字新解：名分混亂

名分混亂，世道沒有不混亂的；見微知著，且舉幾例為證。

當年媒體稱東北軍領袖張作霖「張大帥」，他的兒子張學良「張少帥」，二次大戰盟軍統帥的美國艾森豪將軍（Dwight D. Eisenhower）「艾帥」、英國蒙哥馬利元帥（Bernard Law Montgomery）「蒙帥」；今天媒體則動不動就對演藝明星冠以「帥」字稱號，如潘帥、裴帥，「帥」字有了新時代的意義，價值卻不可同日而語。

消費者吃了超過五十年的台灣名產「鳳梨酥」，原來裡面根本沒有鳳梨餡，根本不是用鳳梨為原料做的——有的只是冬瓜餡！台中市一整條街賣太陽餅的商店都掛著「買一送一」的廣告布條；買了才知道，說的是「買一盒三十片的送一包五片的」！

過去傳統的律師、會計師自重自愛，在提供專業服務時，心中總是考量到公共利益，與服務對象的關係莊嚴特殊，所以被服務的對象稱為「當事人」，收取的服務費稱為「公費」。當下社會的律師、會計師商業掛帥，滿口談的是他們的「顧客」、「客人」和「客戶」，還有收取的「報酬」、「酬金」和「薪資」，聽了刺耳！

而社會角色和專業內涵也已經是雲泥之別了！

上述例子，看似「舊」字「新」解，其實是名分混亂；這些難以計數的名分混亂事例，正一點一滴地侵蝕著社會的架構和價值！

名，區別本質，界定範疇

為什麼要有名？為什麼要定名？原來，名是用來區別本質不同的人、事、物，用來界定相異概念的範疇。

內心明白了某種道理，不借助語言，難把這個道理說出來；把某種事物用一個名稱規定下來，不借助語言，難把它和別的事物區別開來。不借助語言表達內心的思想，就無法和別人溝通交流；不借助名稱來區別事物，就無法顯現你對事物本質的認識。❶

推本就源，並不是事物本來就有名號稱謂，也不是道理本來就有固定的概念範疇。而是為了區別事物的本質，才必須規定不同的名號稱謂；要傳達內心的思想，才必須確定一定的概念範疇。道、德、仁、義、禮、智、信等的概念範疇，都是這樣來的。❷

由此看來，古人若不曾定名，知識難以傳承，文明難以孕育。

【典籍出處】

❶ 夫理得於心，非言不暢；物定於彼，非言不辯。言不暢志，則無以相接；名不辯物，則識鑒不顯。《反經・定名四十》

❷ 原其所以，本其所由，非物有自然之名、而理有必定之稱也。欲辯其實，則殊其名；欲宣其志，則立其稱。故稱之曰道、德、仁、義、禮、智、信。《反經・定名四十》

定名之於人類，貢獻大矣！

正名：寓褒貶，分善惡

「正名」是孔老夫子的重要思想，是撥亂反正的原則，也是社會有序的條件，他作《春秋》，便是為了正名，寓褒貶，分善惡。

當孔老夫子前往衛國時，衛君輒年紀只有十六、七歲，想任用孔老夫子，所以子路問孔老夫子：「衛君待子而為政，不知道夫子要從什麼地方先下手？」孔老夫子因為輒的父親蒯聵流亡國外，而自己在國內為君，名分不正，因而說：「必也正名乎！」卻被子路誤以為迂腐。❸

孔老夫子再為子路開釋：「如果名不正，說話就不能順理；說話不能順理，做事就不能成功；做事不能成功，禮樂教化就不能興盛；禮樂教化不能興盛，刑罰就不能用得適當；刑罰不能用得適當，人民會像手足無措一樣，不知如何是好。所以君子名正了就能說得出道理來，說得出道理來必定可以行得通。君子對自己說出的話，是從來不苟且隨便的。」❹

❸ 子路曰：「衛君待子而為政，子將奚先？」子曰：「必也正名乎！」子路曰：「有是哉？子之迂也！奚其正？」《論語・子路篇》

❹ 子曰：「野哉由也！君子於其所不知，蓋闕如也。名不正，則言不順；言不順，則事不成；事不成，則禮樂不興；禮樂不興，則刑罰不中；刑罰不中，則民無所措手足。故君子名之必可言也，言之必可行也。君子於其言，無所苟而已矣。」《論語・子路篇》

孔老夫子對子路所講的這番話，對當世那些誤以為「正名」等同迂腐、「不正名」才是權宜、創新、聰明的無知之徒，該是醍醐灌頂、當頭棒喝！

國君運用治術，首先要注意名義。名義適當，事物才能確定，名義不適當，事物就偏差了。所以聖人用靜虛的態度掌握治術，使名義自然適當，使事情自然確定。不輕易顯露神態，臣子無從捉摸矯飾，自然就樸素方正。❺

對臣子依才能任以官職，讓他們自己去治理；就言論賦予任務，使他們自己去辦理；然後以法監督他們，使他們都能完成自己的職責。國君依臣子的名聲舉用他們，如果對他們的名聲瞭解不夠，就要反轉來用事實考驗他們。❻

針對事實和名聲考驗比較的同異，就要對臣子施以賞罰；賞罰若能確切，臣子才會效忠盡力。❼

國君和臣子的操作是不相同的：臣子向國君求取名義，國君切實控制名義，臣子效忠盡力；當名義和事實相驗符合，君臣上下便和諧融洽。❽

全國各種名義和事實都能互相契合，人民就會按著本分做事。

❺ 用一之道，以名為首。名正物定，名倚物徙。故聖人執一以靜，使名自正，令事自定。不見其采，下故素正。《韓非子・揚權》

❻ 因而任之，使自事之。因而予之，彼將自舉之。正與處之，使皆自定之。上以名舉之，不知其名，復修其形。《韓非子・揚權》

❼ 形名參同，用其所生。二者誠信，下乃貢情。《韓非子・揚權》

❽ 君臣不同道：下以名禱，君操其名，臣效其形，形名參同，上下和調。《韓非子・揚權》

若是不依循這個治術而另尋他法治國，那就是迷惑到極點了！❾

不同，就必須分

有不同的名，所以有不同名分；而名之外的其他事物，也各有分別，所以性有性分、職有職分、勢有勢分。其中性分、職分是自己掌握的，自己掌握的一定要盡其在我；名分、勢分是在上者所賜的，對在上者賜予的一定要收斂自守、守著分寸。❿

既有分，就有際，就有界限；就有本分——界限之內，和分外——界限之外。

古人認為「本分」二字，妙不可言！做人處世若是守著本分，不越矩跨過紅線，則不會犯任何錯，不會對自己有任何的傷害。古代聖明的國君治理國家，重點就在讓人民都知道本分；人民知道自己的本分，則對任何事，包括榮、辱、死、生，就不會存有非分之想，不會妄行妄為去追求，當得不到時也不會有所怨恨。⓫

知道本分，就不會做傷天害理的事。子弒父，是因為兒子不知道自己的本分；臣弒君，是因為臣子不知道自己的本分。⓬

❾周合形名，民乃守職。去此更求，是謂大惑。《韓非子‧揚權》

❿性分、職分、名分、勢分，此四者，宇內之大物。性分、職分在己，在己者不可不盡；名分、勢分在上，在上者不可不守。《呻吟語‧修身》

⓫「本分」二字，妙不容言。君子持身不可不知本分，知本分則千態萬狀一毫加損不得。聖王為治，當使民得其本分，得本分則榮辱死生一毫怨望不得。《呻吟語‧修身》

⓬子弒父，臣弒君，皆由不知本分始。《呻吟語‧修身》

講求名分，而每個人知道自己本分、持守自己本分的社會，是經典所鼓吹大道通行於世的社會。當大道通行於世，貧賤的人不會怨恨自己貧賤，富貴的人不因富貴驕恣妄為，愚弱的人不因愚弱而畏懼，智勇的人不藉智勇欺壓他人；這是因為名分已經確定的緣故。而當法治通行於世，貧賤的人不敢怨恨富貴的人，富貴的人不敢欺壓貧賤的人，愚弱的人不敢期望升到智勇，智勇的人不敢鄙視愚弱的人；這就是法治比不上道治的地方！⑬

現今已少有人提到「本分」二字了！細讀經典對本分的闡述，該會恍然大悟，原來失去了本分的觀念，竟是當今世亂的原因啊！

謹守分際，齊心戮力

從國家的政府團隊、領導班子，到企業的經理部門，到各項職業運動的隊伍，團隊成員職分界定，各守本分，各司其責，盡好自己的職責，也讓其他人盡好他們的職責，是團隊齊心合力、要共同成功地完成一件工作的首要條件。古代的聖王明君就是這樣建立起安和樂利的社會。

⑬ 道行於世，則貧賤者不怨，富貴者不驕，愚弱者不懾，智勇者不陵，定於分也。法行於世，則貧賤者不敢怨富貴，富貴者不敢陵貧賤；愚弱者不敢冀智勇，智勇者不敢鄙愚弱，此法之不及道也。《尹文子・大道上》

一、爲治，必先定分

治理國家必須先確定名分。君居君位，臣居臣位，父居父位，子居子位，夫居夫位，妻居妻位，這六種人各就各位，則在下位的人不會踰越禮法，在上位的人不會隨意而行，晚輩不會凶暴邪辟，長輩也不會輕忽怠慢了。⓮

金木功能各異，水火用途有別，陰陽本性不同，但對人們有利這一點是相同的。所以，像君、臣、父、子、夫、婦等不同的名分是用來促成人們共同欲求的實現，而人們共同欲求的存在則又端正了各種名分的確立。相同和差異的區分，尊貴和卑賤的分別，長輩和晚輩的倫理序列，正是先王慎重看待的，也是國家安定或動亂的關鍵。⓯

治理國家必須審查根本，根本弄不清，即使是帝堯或帝舜也不能把國家治理好；所謂治理國家的根本，說的就是確定名分。⓰

二、人各有其責，物各有所屬

治國的禮分已定，則人主宰相臣下百吏，各自謹慎他所聽聞的，不求聽聞他不能聽到的；各自謹慎他所見到的，不求看見他不

⓮ 凡為治必先定分。君臣父子夫婦六者當位，則下不踰節而上不苟為矣，少不悍辟而長不簡慢矣。《呂氏春秋・處方》

⓯ 金木異任，水火殊事，陰陽不同，其為民利一也。故異所以安同也，同所以危異也。同異之分，貴賤之別，長少之義，此先王之所慎，而治亂之紀也。《呂氏春秋・處方》

⓰ 本不審，雖堯、舜不能以治。……其本也者，定分之謂也。《呂氏春秋・處方》

能看見的。所聽聞的和所看見的，都齊整而不逾越，則雖然幽閒隱辟的，百姓也不敢不尊敬名分安守制度，以接受在上者的教化治理，這是國家大治的徵兆。⓱

在謹守自己的分寸上，孔老夫子還認為：不在這個職位上，就不要參與謀劃這個職位上的政事。⓲

古代先王運用不屬於自己的，就像是運用自身所有的一樣，這才是精通為君之道啊！大凡為國君的，應該心處清虛，謹守樸素，智慧深藏看似無智，所以能夠使用眾人的智慧；因為他不用智慧，回歸到看似無能的狀態，所以能夠使用眾人的才能；因為他沒有執著而且無為，所以能夠借重眾人的作為。這無智、無能、無為，正是國君所必須堅守的。⓳

但昏惑的國君卻不是這樣，他們硬要以一己的智慧逞精，以一己的能力逞能，以一己的作為逞強；這樣就是把自己逼退到臣子的職位上去了。退居到臣子的職位而還想視聽不閉塞，就是聖明的帝舜也做不到啊！⓴

更何況，事情沒有定分，就沒有明確的分工，每個人都推諉責任，則任何事情都做不成；物沒有定分，就沒有所屬，每個人都想

⓱治國者，分已定，則主相臣下百吏，各謹其所聞，不務聽其所不聞；各謹其所見，不務視其所不見。所聞所見，誠以齊矣。則雖幽閒隱辟，百姓莫敢不敬分安制，以化其上，是治國之徵也。《荀子・王霸第十一》

⓲子曰：「不在其位，不謀其政。」《論語・泰伯篇》

⓳先王用非其有，如己有之，通乎君道者也。夫君也者，處虛素服而無智，故能使眾智也；智反無能，故能使眾能也；能執無為，故能使眾為也。無智、無能、無為，此君之所執也。《呂氏春秋・分職》

⓴人主之所惑者則不然，以其智彊智，以其能彊能，以其為彊為，此處人臣之職也。處人臣之職而欲無壅塞，雖舜不能為。《呂氏春秋・處方》

滿足私欲，則任何東西都成為相爭的標的。㉑

所謂的分，就是人各有其責、物各有所屬，這樣就可以平息人的奸、懶、貪、得之心，使事能循道理而行，人能依人情而處。分能確定，雖然有上萬人同時相處做事，也不必說一句話。定分是修身、齊家、治國、平天下首要的工作，即使是帝堯、帝舜、大禹、商湯、周文王和周武王那樣聖明的賢君，也不能不先定分啊！㉒

三、領導者守分，成就聖明

周武王的輔佐大臣有五位。五個人所做的職事武王一件也不會做，然而世人都說：「取得天下的是武王！」㉓

這樣就像說到馬一樣，讓懂馬的伯樂去相馬，讓善駕的造父去馭車，賢明的君主只要輕輕鬆鬆坐在馬車上，就能日行千里；沒有相察和駕馭的辛勞，卻有日行千里的功效，這就是懂得騎乘馬匹的道理了。㉔

再譬如今日邀宴客人，飲酒酣暢，又有歌舞鼓瑟吹竽助興，第二天客人不拜謝使自己快樂的倡優，而拜謝邀宴的主人，因為是主人使倡優演奏表演的。巧匠建造宮室，畫圓一定要用圓規，畫方一

㉑事無定分，則人人各諉其勞而萬事廢；物無定分，則人人各滿其欲而萬物爭。《呻吟語・治道》

㉒分也者，物各付物，息人奸懶貪得之心，而使事得其理，人得其情者也。分定，雖萬人不須交一言，此修齊治平之要務，二帝三王之所不能外也。《呻吟語・治道》

㉓武王之佐五人。武王之於五人者之事無能也，然而世皆曰：「取天下者武王也。」《呂氏春秋・分職》

㉔夫馬者，伯樂相之，造父御之，賢主乘之，一日千里，無御相之勞而有其功，則知所乘矣。《呂氏春秋・分職》

定要用矩尺，取平直一定要用水準墨線。等宮室蓋好了，業主不問圓規、矩尺和水準墨線，而只賞賜巧匠。宮室落成了，人們不問巧匠，而都說：「蓋得好！這是某君某王的宮室。」㉕

由此看來，治國之本，就在於確定分，而領導人最後仍然獨享偉大之名，有智慧的領導人何樂不為？治國大事如此，其他任何事——那些比治理國家小得多的事——當然也是如此！企業領導人、單位負責人、帶領眾人的人，何樂不為？

名實不副，必亂

名確定，人們對物就不會妄執競爭；分明確，人們的私慾就無從遂行。對物不妄執競爭，不是沒有競爭之心，而是物的名已確定，競爭之心無處可用；不遂行私慾，不是沒有欲望，而是分已確定，私慾無處可用。然則，競爭之心、私慾之念人人有之，能處於不妄執競爭、不遂行私慾的境界，都是因為有道的駕御影響！㉖

一隻兔子在奔跑，後面有一百個人追捕，不是因為兔子可以為百人所得而分之，而是兔子誰屬的名分還未定。在市集賣兔子的人

㉕今召客者，酒酣，歌舞鼓瑟吹竽，明日不拜樂己者，而拜主人，主人使之也。……巧匠為宮室，為圓必以規，為方必以矩，為平直必以準繩。功已就，不知規矩繩墨，而賞匠巧匠之。宮室已成，不知巧匠，而皆曰：「善。此某君某王之宮室也。」此不可不察也。《呂氏春秋・分職》

㉖名定，則物不競；分明，則私不行。物不競，非無心，由名定，故無所措其心；私不行，非無欲，由分明，故無所措其欲。然則心、欲人人有之，而得同於無心、無欲者，制之有道也。《尹文子・大道上》

很多，但盜賊不敢去搶他們的兔子，是因為兔子誰屬的名分已經確定。所以如果事物的名分還沒有確定，就是聖明如堯舜禹湯也會像奔馬一樣去追逐；名分已經確定，就是婪貪的強盜也不敢奪取。㉗

當法令不明確，名分不確定，則天下的人都能夠隨便議論，人人各說一套而沒有定論。國君在朝制定法令，人民在下議論紛紛，造成法令不確定，而由在下的議論紛紛取代了在上的制定法令；這就是所謂的名分不確定。若名分不確定，堯舜那樣的聖君都將改變操守而去做壞事，更何況一般人呢？這就是使姦惡之事紛紛發生，國君失去威勢，國家滅亡社稷毀滅的道路。㉘

大凡國家紛亂，總是因為名實不當、不相符合。國君即使不肖，還是想任用賢才，還是想傾聽善言。他們的禍患在於他們認為的「賢才」，其實是不肖的人；他們認為的「善言」，其實是邪僻之言；他們認為「合理的事」，其實是悖逆的事；這就是刑名失當、名稱和實際不相符啊！像這樣視不肖為賢才，視邪僻為善良，視悖逆為合理，要想國家不亂，自身不危，又怎麼可能呢？㉙

齊湣王就是個例子，他只知道國君應當好士，也自認為好士，卻不知道什麼樣的人才是「士」，因此當尹文問他什麼樣的人才稱

㉗一兔走，百人逐之，非以兔也。夫賣者滿市，而盜不敢取，由名分已定也。故名分未定，堯舜禹湯且皆如鶩焉而逐之；名分已定，貪盜不取。《商君書‧定分第二十六》

㉘今法令不明，其名不定，天下之人得議之，其議人異而無定。人主為法於上，下民議之於下，是法令不定，以下為上也。此所謂名分之不定也。夫名分不定，堯舜猶將皆折而姦之，而況眾人乎？此令姦惡大起，人主奪威勢，亡國滅社稷之道也。《商君書‧定分第二十六》

㉙凡亂者，刑名不當也。人主雖不肖，猶若用賢，猶若聽善，猶若為可者。其患在乎所謂賢，從不肖也，所為善，而從邪辟，所謂可，從悖逆也，是刑名異充而聲實異謂也。夫賢不肖、善邪辟、可悖逆，國不亂、身不危奚待也？《呂氏春秋‧正名》

得上是「士」？湣王就無從回答了。這是不肖的公玉丹所以被湣王寵信，而邪僻的卓齒所以被湣王重用的原因！湣王重用卓齒和寵信公玉丹這樣的人，豈不是為自己樹立敵人嗎？30

名正國安，分偏國亂

正名的一個意義就是名實相副。名實相副，國家就治理得好；名實不副，國家就一定混亂！造成名實不副的就是邪說，邪說盛行會把不可說成可，把不然說成然，把不是說成是，把不非說成非。所以君子的言辭，只要足以說明賢者的實在表現、不肖之徒的假裝冒充，就可以了；足以說明治世之所以興盛、亂事之所以發生，就可以了；足以使人知道萬物的真情，人們藉以生存發展的原因，就可以了！31

人的名分有三類：有決策治理的，有勵恥督促的，有辦事服務的。事的名分有兩種：有事前加以指正的，有事後加以考察的。當五者都各任其人、各司其職，天下便能安定。就是因為名分正當，國家便能安定；名分偏倚，國家便會混亂；事不顧名，則萬事俱

30 齊湣王是以知說士，而不知所謂士也。故尹文問其故，而王無以應。此公玉丹之所以見信而卓齒之所以見任也。任卓齒而信公玉丹，豈非以自讎邪？《呂氏春秋・正名》

31 名正則治，名喪則亂。使名喪者，淫說也。說淫則可不可而然不然，是不是而非不非。故君子之說也，足以言賢者之實、不肖者之充而已矣，足以喻治之所悖、亂之所由起而已矣，足以知物之情、人之所獲以生而已矣。《呂氏春秋・正名》

廢；所以古代聖王特別重視名分！32

今世與古相比，名實不副更甚，魚目混珠的人、事、物更多，難怪世道如此混亂了！

名分混亂，通常不是奸、懶、貪、得之人明火執杖，吵著、鬧著、搶著，在眾目睽睽、一瞬間內所造成的。如果名分混亂是這樣來的，我們至少還會警覺，知道一個不幸的巨大改變正在發生！

反而，名分混亂的萌芽生成，通常是像溫水煮青蛙，讓人不痛不癢、覺得無所謂；甚至是披著美麗的外衣，讓人誤以為是改革、是自由、是開放、是前衛、是喊得理直氣壯的世界潮流，讓盲從無知者趨之若鶩，讓姑息者不敢指出其弊端。名分混亂的種子就此生根發芽，時日一久，它開了花、結了果，名分混亂也就成了難以挽回的定數。

孔老夫子曾舉出三件他厭惡的事，除了淫穢的鄭國音樂混淆了雅樂、伶牙利齒者的顛覆國家之外，他最厭惡的就是紫色魚目混珠、奪去了朱紅正色的角色。33

名分混亂之來，不是來自於黑的被視為白的、白的被視為黑的；而是來自於似是而非的被當成了是，正是溫水煮青蛙，讓一般

32 凡人之名三：有治也者，有恥也者，有事也者。事之名二：正之，察之。五者而天下治矣。名正則治，名倚則亂，無名則死。故先王貴名。《管子・樞言第十二》

33 子曰：「惡紫之奪朱也，惡鄭聲之亂雅樂也，惡利口之覆邦家者。」《論語・陽貨篇》

人不痛不癢、覺得無所謂的紫色篡奪了朱紅正色的地位！

名分與時勢不可混淆

名分是天下人所應共守的禮法節度，正名定分則是讓社會和諧共利的首要工作。

講名分，不能把名分與時勢混淆，把對名分的持守尊重和對時勢的諂媚阿諛混為一談。名分與時勢本質不同，名分為本，以不變為常，所以面對名分，不敢有絲毫傲慢怠惰；時勢則是外在環境，以變化為常，所以面對時勢，不敢有絲毫諂媚阿諛。㉞

世上頑固不化的人，以為尊重名分就是諂媚時勢，所以不肯尊名分；世上卑賤無知的人，以為諂媚時勢就是尊重名分，所以露出醜陋無恥的嘴臉，諂媚阿諛時勢。㉟

《呻吟語》感嘆當時之人分不清名分與時勢，今世之弊則還要加上：世人常以為尊重名分是食古不化、保守反動，故多以改革之名顛覆名分，還把它當做潮流。

有智慧的人，不僅能分辨名分與時勢，因此持守尊重名分，不

㉞ 名分者，天下之所共守者也。名分不立，則朝廷之紀綱不尊而法令不行。聖人以名分行道，曲士恃道以壓名分，不知孔子之道視魯侯奚啻天壤，而〈鄉黨〉一篇何等盡君臣之禮！乃知尊名分與諂時勢不同，名分所在，一毫不敢傲惰；時勢所在，一毫不敢阿諛。《呻吟語‧修身》

㉟ 固哉！世之腐儒，以尊名分為諂時勢也。卑哉！世之鄙夫，以諂時勢為尊名分也。《呻吟語‧修身》

卑不亢善用時勢，更能不受改革之名所惑，不盲從地追隨奇巧怪異的潮流，這就是道、神、聖、賢對後人耳提面命的教戰守則。

撥亂反正，重建正確價值觀

人之所以為人，憑的是什麼？憑的是人有辨別的能力。㊱人道沒有不講辨別的；而講到辨別，沒有比正名定分更重要的了；講到正名定分，沒有比遵循禮法更重要的了；講到遵循禮法，沒有比向聖王學習更重要的了。㊲

這是老祖宗所留下、最合乎天道、最順應人性的人與人相處之道。

篇首所指名分混亂，掛羊頭賣狗肉的一些現象，是當今君不君、臣不臣、父不父、子不子、男不男、女不女世道大混亂冰山的一角。想要撥亂反正，抗拒那些奇巧怪異的時代潮流，重建人的價值和生活的重心；回到根源，由正名定分做起，是絕對必要的第一步！捨之，即無他途！

㊱ 人之所以為人者何已也？曰：以其有辨也。《荀子・非相第五》

㊲ 故人道莫不有辨。辨莫大於分，分莫大於禮，禮莫大於聖王。《荀子・非相第五》

第十四篇

素位而行

在人生舞台，演好自己扮演的角色。

每個人都在群體中扮演不同的角色，
道、神、聖、賢教人素位其行，做什麼，就要像什麼。
讀經典，能夠學習角色的職責內容，
瞭解歷史人物如何扮演他的角色。
世界就是一個舞台，讓我們扮誰演誰就是誰！

做什麼，要像什麼

小時候曾聽過一個說法，雖然不曾找到它的出處來源，但清清楚楚記得是這麼說的：

中國人，做什麼不像什麼。只有演戲的，一看就知道是在演戲。

好毒的說法！把從事各行各業的中國人全罵進去了。這種說法，當然不是道、神、聖、賢苦心教誨後人，所希望看到的結果！

講到做事和扮演角色，道、神、聖、賢強調的是「素位其行」：做什麼，像什麼。君子守著自己的分位做事，不奢求本分以外的榮華富貴；身處富貴，不驕不奢，善用其財；身處貧賤，安貧樂道，修身以待其時；身處化外之地，悠然自處，融入環境；身處患難險阻，心靜神定，逆來順受。君子是無時無地不能怡然自處的。❶

廣州陳家祠曾掛著一副對聯，非常貼切地反映了「素位其行」的觀念：

【典籍出處】

❶ 君子素其位而行，不願乎其外。素富貴，行乎富貴；素貧賤，行乎貧賤；素夷狄，行乎夷狄；素患難，行乎患難。君子無入而不自得焉。《中庸》

生旦淨丑是我，扮誰像誰。
喜怒哀樂由他，是也非也？

台上一分鐘，台下十年功，扮誰像誰可是要有真本領的。如果沒學會生、旦、淨、丑的真功夫，要臨時趕鴨子上架粉墨演出，恐怕也唱不出一齣像樣的戲碼！

每個人都有自己的角色

老祖先早就知道：事物各有不同才是常態；有、無，難、易，長、短，高、下，音、聲，前、後，不同者同時存在，彼此相生、相成、相形、相傾、相和、相隨，這是宇宙間不變的道理。❷因此，群體中有不同的角色，而每個人扮演不同的角色是再正常而自然不過的事。

大同社會上的眾生相，除了那「有分」的男和「有歸」的女，還包括「有所終」的老，「有所用」的壯，「有所長」的幼，「有所養」的矜、寡、孤、獨、廢和疾。❸

❷天下皆知美之為美，斯惡已。皆知善之為善，斯不善已。故有無相生，難易相成，長短相形，高下相傾，音聲相和，前後相隨。《道德經・第二章》

❸大道之行也，天下為公。選賢與能，講信修睦，故人不獨親其親，不獨子其子，使老有所終，壯有所用，幼有所長，矜寡孤獨廢疾者皆有所養。男有分，女有歸。貨惡其棄於地也，不必藏於己；力惡其不出於身也，不必為己。是故謀閉而不興，盜竊亂賊而不作，故外戶而不閉，是謂大同。《禮記・禮運第九》

姜太公曾為周武王說明，身為將帥者應有股肱羽翼七十二人，擔任幕僚，並細說每個職務應有的人數和所負的職責，堪稱三千年前、非常完整的將帥帳下組織架構圖和職責說明表。❹

而儒家思想圍繞人倫而生，除有角色之分，更闡述了相對角色之間應有的關係。當大禹治平水患後，后稷教人耕種，種植五穀，五穀成熟了，人民吃飽而得到養育。因為人的習性是吃飽了、穿暖了、安逸生活了，若沒有禮儀教化，就會變得近於禽獸；聖人為此感到憂心，便任用契為司徒，教導人民做人的道理：父子有親情，君臣有義禮，夫婦有分別，長幼有次序，朋友有誠信。❺

五倫——親、義、別、序、信，是父子、君臣、夫婦、長幼、朋友這五對角色間相處的道理；即使今世各種角色推陳出新、千變萬化，但最基本的核心依舊，任何互動角色間的相處，並沒有推陳出新的相處之道出現，還是必須應用五倫的其中一項或幾項。

學習角色的職責內容

道、神、聖、賢教人素位其行，做什麼，就要像什麼，也在經

❹太公曰：「凡舉兵師，以將為命。命在通達，不守一術。因能授職，各取所長，隨時變化，以為紀綱。故將有股肱羽翼七十二人，以應天道。備數如法，審知命理，殊能異技，萬事畢矣。」武王曰：「請問其目？」太公曰：「腹心一人……謀士五人……天文三人……地利三人……兵法九人……通糧四人……奮威四人……伏旗鼓三人……股肱四人……通才三人……權士三人……耳目七人……爪牙五人……羽翼四人……遊士八人……術士二人……方士二人……法算二人……。」《六韜・龍韜・王翼》

❺后稷教民稼穡，樹藝五穀，五穀熟而民人育。人之有道也，飽食、煖衣、逸居而無教，則近於禽獸。聖人有憂之，使契為司徒，教以人倫：父子有親，君臣有義，夫婦有別，長幼有序，朋友有信。《孟子・滕文公上》

典中對許多角色下了定義，清楚地說明了這些角色的內涵，以及要把這些角色扮演好需要做些什麼。

經典雖然沒有對當時社會上所有的角色都做了說明，也不曾未卜先知地對千百年後、當今社會上為數更多的角色加以闡述，但有心由古鑑今的經典讀者，仍然可以由經典對特定角色所做的說明，引申擴張到當今社會類似的角色上，揣摩出後者應有的內涵。

一、君

經典中花了多之又多篇幅來闡述的角色，就是國君。相關論述廣泛深邃，可以幫助今世的任何國家領導人、企業老闆、單位負責人，把人帶好、把事做好、達到功成圓滿！

孔老夫子對怎樣做個好國君有許多論述，其中之一是這麼說的：「國君的施政，最好的是以德服人，讓人心自然歸附，而國君就像北極星一樣，在自己的位置上靜止不動，讓其他星辰環繞拱衛著它。」❻

孟老夫子見梁惠王，回應惠王所問：「叟不遠千里而來，亦將有以利吾國乎？」也開宗明義地揭櫫了國君應該關心的施政方向是

❻ 子曰：「為政以德，譬如北辰，居其所而眾星共之。」《論語・為政篇》

「仁義，而不是利」！❼

論述更有組織的，如漢朝劉向所著《說苑》一書，第一卷就以「君道」為名，首段記載盲人樂師師曠對晉平公所問「人君之道如何？」是這樣回應的：「做國君應該心地潔淨，不受外界紛擾，也不紛擾別人，一定要對人民有廣泛的憐愛同情之心，一定要選用才德超群的人才；建立各種消息管道，以瞭解全國各地的情況；不被世俗觀念所束縛，不被身邊的人所拘絆；要有寬闊的胸懷，遠大的眼光，獨立而超越眾人的見識；經常考核官員的政績，維持上對下的威嚴明智。」❽

師曠對「君」這個角色所做的精準詮釋，正是古代國君、現在國家領導人、企業老闆、單位負責人要把手下帶好、事情做好必須做到的要領原則。〈君道〉一卷在接下去的篇幅中，又以約四十段其他國君的例子，由不同面向闡述為君之道。遺憾的是：當今世人，包括國家領導人、企業老闆、單位負責人，卻多憑一己的認知和經驗逕為領導統御，很少有人回到《說苑・君道第一》和其他的經典中學習怎樣做個成功的領導人或老闆，真是可惜！實在愚蠢！

怎樣才能做個成功的領導人或老闆，不只見於《說苑・君道第

❼ 孟子對曰：「王何必曰利？亦有仁義而已矣。」《孟子・梁惠王上》

❽ 晉平公問於師曠曰：「人君之道如何？」對曰：「人君之道清淨無為，務在博愛，趨在任賢；廣開耳目，以察萬方；不固弱於流俗，不拘繫於左右；廓然遠見，踔然獨立；屢省考績，以臨臣下。此人君之操也。」《說苑・君道第一》

一》這類闡述「君道」的專章、專篇、專卷；道、神、聖、賢經典在闡述別的主題時，也常常帶到一些國君該做或是不該做的事，也算是在論述君道！

例一：經典談到修身，講到上自一國之君，下到普通老百姓，都共享一樁恆常不變的人生功課，那就是：時時不斷修正自己的行為，使自己成為一個完美的人；這就點出了「貴為國君者的人生功課，也還是修身」，足為所有國君牢記在心。[9]

例二：兵法講到國君慎重其事授印拜將的將帥，在戰場上是最高指揮官，為戰場上發生的一切結果負責，國君即使另有命令，將帥不必、也不應接受；這就間接帶出「國君不應對在戰場上領軍作戰的將帥亂施號令」的為君之道！[10]

專制帝王的時代，有幸稱孤道寡而用到「君道」的人，千百萬中選一，卻有那麼多經典篇幅談論「君道」，除了彰顯道、神、聖、賢對為國君者的高度期望，所以著書立說以闡述如何做為國家領導人，替什麼是聖主明君立下標竿樣板外，也是要讓為國君者對自己的所作所為知所警惕，讓為臣者對勸諫國君有所依循，讓萬千百姓對太平聖世、聖主明君之治仰首期盼！

[9] 自天子以至於庶人，壹是皆以修身為本。《大學・經一章》

[10] 孫子曰：凡用兵之法，將受命於君……途有所不由，軍有所不擊，城有所不攻，地有所不爭，君命有所不受。《孫子兵法・九變第八》

二、臣

和「君」相對的角色是「臣」。相較於千百萬中選一的君，能夠為臣的人數就多得多了。經典中對臣這個角色所做的闡述，無論古今，任何有上司的人都可以拿來學習，以扮演好下屬的角色。

《說苑》第二卷，以「臣術」為名，顧名思義，談的是古代人臣侍候國君的方法。此卷開宗明義就這樣說：身為人臣的做法，是順從國君的意志，執行國君的命令，凡事不獨斷專行，言行合乎義禮而不任意附和別人，小心謹慎處於尊位；所做的事必須對國家有益，必須對國君有好處。如此，自己可以居於尊貴，子孫也能常保富貴。⓫

原典短短不到五十字，言簡意賅，把古今中外任何人臣侍候主上的大要都涵蓋了。再要詳細點，人臣的行為又可分為六正、六邪，行六正，就可以得到榮耀，犯六邪，就會招來恥辱，分別會為當事者帶來福與禍！⓬

行六正的臣子分別稱為聖臣、良臣、忠臣、智臣、貞臣和直臣；篇幅有限，在此只以聖臣為例，其描述是這樣的：這樣的臣子當事情還在萌芽、苗頭尚未顯露、形勢徵兆還沒有顯現時，就能獨

⓫人臣之術，順從而復命，無所敢專，義不苟合，位不苟尊；必有益於國，必有補於君；故其身尊而子孫保之。《說苑・臣術第二》

⓬故人臣之行有六正六邪，行六正則榮，犯六邪則辱，夫榮辱者，禍福之門也。《說苑・臣術第二》

自敏銳地看出存亡的預兆、得失的關鍵，將壞事在還沒發生之前就加以排除，使國君能超然穩居天下榮耀顯赫的地位，得到人民的稱頌。⑬

聖臣的所作所為令人刮目相看，良臣、忠臣、智臣、貞臣和直臣的表現亦然。哪個英明的國君、聰明的老闆，不希望得到這六正臣的輔佐？而哪個有志的臣子、部屬、夥計，不想見賢思齊，做出與六正臣同樣的表現？

讀六正，見賢思齊，讀六邪，則可內自省。行六邪的臣子分別是具臣、諛臣、奸臣、讒臣、賊臣、亡國之臣。以可能還不算最壞的具臣為例，對他的描述是這樣的：這樣的臣子，空占官位、貪享奉祿、經營私利、不理公事，有才智卻不貢獻，有能力卻不使用，國君渴望有人出謀獻策，他卻仍不肯貢獻一己之力，反像是沒事樣地隨著世俗隨波逐流，左右觀望。⑭

由以上對聖臣、具臣的論述，見微知著，當知任何身為夥計、受雇之人讀了《說苑・臣術第二》，必然對學習如何盡忠職守、做好職分之事大有幫助；而經典之中，類似教誨多矣！

⑬何謂六正六邪？六正者：一曰萌芽未動，形兆未見，昭然獨見存亡之幾，得失之要，預禁乎未然之前，使主超然立乎顯榮之處，天下稱孝焉，如此者聖臣也。二曰……良臣也。三曰……忠臣也。四曰……智臣也。五曰……貞臣也。六曰……直臣也，是為六正也。《說苑・臣術第二》

⑭六邪者：一曰安官貪祿，營於私家，不務公事，懷其智，藏其能，主饑於論，渴於策，猶不肯盡節，容容乎與世沈浮上下，左右觀望，如此者具臣也。二曰……諛臣也。三曰……姦臣也。四曰……讒臣也。五曰……賊臣也。六曰……亡國之臣也，是謂六邪。《說苑・臣術第二》

三、將

將帥是輔弼國家的棟梁；輔弼強，國家必定強，輔弼弱，則國家必定弱。⑮

對周武王所問：「要怎樣論將？」姜太公回答：「將有五材、十過。」十過略去不談，只以五材為例，它們是勇、智、仁、信、忠，是將帥應該具備的基本人格特質：勇是不可犯，智是不可亂，仁是愛人，信是不欺，忠是忠心耿耿、沒有二心。⑯

吳起也曾論將，他認為一般人論將只看勇不勇敢是錯誤的，因為勇敢只是為將為帥的部分條件。勇敢的人，一定會輕易地和敵人交戰，輕易和敵人交戰，又不知道利之所在，是不可以的。⑰

所以為將帥者要慎重的有五件事：理、備、果、戒、約，這是將帥應具備的人格特質的另一種說法。理是條理，帶領多數人如同帶少數；備是小心，出門如同遇見敵人；果是果決，臨敵不求生；戒是戒慎，雖然已經打了勝仗還猶如剛開始打仗；約是簡約，法令簡要而不煩瑣。⑱

兵學是經典中重要的一塊，對將帥的角色有清楚的闡述說明，可以供今世所有扮演拿槍桿子、保國衛民、維持治安等的各種角色

⑮ 夫將者，國之輔也，輔周則國必強，輔隙則國必弱。《孫子兵法・謀攻第三》

⑯ 太公曰：「所謂五材者：勇、智、仁、信、忠也。勇則不可犯，智則不可亂，仁則愛人，信則不欺，忠則無二心。」《六韜・龍韜・論將》

⑰ 吳子曰：「……凡人論將，常觀於勇，勇之於將，乃數分之一爾。夫勇者，必輕合。輕合而不知利，未可也。」《吳子・論將第四》

⑱ 吳子曰：「……故將之所慎者五：一曰理，二曰備，三曰果，四曰戒，五曰約。理者，治眾如治寡；備者，出門如見敵；果者，臨敵不懷生；戒者，雖克如始戰；約者，法令省而不煩。」《吳子・論將第四》

者學習。

四、其他

經典中還有對許多其他角色詳細程度不一的定義：例如《論語》講到「君子」幾十次，也常講到「小人」；《道德經》常提到「聖人」；《黃石公素書》講到「道」、「神」、「聖」、「賢」；《孫子兵法》講到「間」；《幽夢影》講到「聖人」、「賢者」、「庸人」、「小人」和「仙佛」。從小到大，聽慣了某些角色詞彙，能在閱讀經典時學習到經典對它們的詮釋，是一種喜悅，對被那些詞彙所形容的歷史人物好像也多了一分認識！

看過以上所舉經典對若干角色的定義，此處要加一句：經典不僅定義了許多角色，更以至少同樣多的篇幅，用史料、故事、寓言等方式，讓我們瞭解到歷史人物或虛構人物在特定情境下如何扮演他的角色，也讓我們得以由此學習如何扮演同一角色。

只舉一例，讀了吳起身為魏國大將，卻跪在地上幫得了疽病的士兵吸膿，我們當對吳起為將的職責內容（Job Descriptions）有了非常深刻的印象。[19]

[19] 吳起為魏將而攻中山，軍人有病疽者，吳起跪而自吮其膿……。《韓非子・外儲說左上》

吳起以替得了疽病的士兵吸膿，贏得了那名士兵的心；今世的帶兵官、帶人的各級領導、老闆、老師，只要能做到吳起所做的，替所帶的屬下吸膿，當也能擄獲那名屬下的心，有機會追求和吳起一樣輝煌的戰績！

角色混亂，天下大亂

回答齊景公所問治國的道理，孔老夫子說：「做國君的，盡國君的職責；做臣子的，守臣子的本分；做父親的，盡父親的責任；做兒子的，守兒子的本分；就可以安邦定國了。」齊景公因此說：「對極了！如果國君不像國君，臣子不像臣子，父親不像父親，兒子不像兒子，雖有糧食俸祿，我還能享用嗎？」[20]

雖有糧食俸祿，國君也不能享用，那是因為君不君、臣不臣、父不父、子不子，君、臣、父、子都不素位其行，角色混亂，價值混淆，則天下必然大亂，所有人同受其害，國君也不能倖免！

太史公司馬遷撰《史記》，就是要記錄撻伐過往國家社會不明禮義，淪落到君不君、臣不臣、父不父、子不子的境遇。君不像

[20] 齊景公問政於孔子。孔子對曰：「君君，臣臣，父父，子子。」公曰：「善哉！信如君不君，臣不臣，父不父，子不子，雖有粟，吾得而食諸？」《論語・顏淵篇》

君，就會被臣下所干犯；臣不像臣，就會被誅殺；父不像父，就會昏聵無道；子不像子，就會忤逆不孝；這四種不素位其行的惡行，被太史公視為天下最大的罪過！[21]

在「素位其行」的觀念下，除了要顧好自己角色的本分，做什麼就像什麼，也要慎防熱心過頭撈過了界，把鼻子伸到別人的位子角色裡——千萬要記得孔老夫子如下的教誨：「不在其位，不謀其政。」

前一篇〈正名定分〉和本篇〈素位其行〉息息相關：正名定分做不到，素位其行就做不到；素位其行做不到，正名定分也做不到。這兩件事做不到，君不君、臣不臣、父不父、子不子的現象轉眼就到，天下就大亂了！

貴賤大小，各有貢獻

人生角色雖有貴、賤、大、小，但每個角色都各有其時，時機到了，都能做出貢獻，影響全局。

[21] 夫不通禮儀之旨，至於君不君，臣不臣，父不父，子不子。夫君不君則犯，臣不臣則誅，父不父則無道，子不子則不孝。此四行者，天下之大過也。《史記・太史公自序》

一、雞鳴狗盜，各建其功

齊公子孟嘗君為齊國出使秦國，先被秦昭王任用為相，後為讒言所傷，遭昭王關入牢獄，將有殺身之禍。靠著能為狗盜的卑微食客，在深夜潛入秦宮，偷得狐皮白裘，送給秦王寵愛的妃子幸姬，由她說動昭王釋放了孟嘗君。❷❷

孟嘗君被釋放後，趕著逃離秦國，夜半來到函谷關，而昭王也後悔放了孟嘗君，派出追趕的兵馬即刻就到。孟嘗君再靠能為雞鳴的卑微食客學雞叫，讓守關人在公雞齊鳴之下，誤以為開關時刻已到而打開關門，孟嘗君及所隨食客因而得以逃出秦國。原本雞鳴狗盜的兩個人，讓孟嘗君納入門下為食客，其他食客都看不起他倆，常常羞辱他們，直到孟嘗君秦國有難，雞鳴狗盜各建奇功，才讓其他食客心服口服。雞鳴狗盜難登大雅之堂，但在特別的狀況之下，卻能各建奇功，孟嘗君還真的不能沒有他們啊！❷❸

二、罪人三百，自刎撼敵

戰國時代，吳王闔廬聽到越王允常過世，出兵攻打越國。越國兵力不如吳國，但剛繼位的越王句踐派出死囚三百人，來到兩軍陣

❷❷ 齊湣王二十五年，復卒使孟嘗君入秦，昭王即以孟嘗君為秦相。人或說秦昭王曰：「孟嘗君賢，而又齊族也，今相秦，必先齊而後秦，秦其危矣。」於是秦昭王乃止。囚孟嘗君，謀欲殺之。孟嘗君使人抵昭王幸姬求解。幸姬曰：「妾願得君狐白裘。」此時孟嘗君有一狐白裘，值千金，天下無雙，入秦獻之昭王，更無他裘。孟嘗君患之，遍問客，莫能對。最下坐有能為狗盜者，曰：「臣能得狐白裘。」乃夜為狗，以入秦宮臧中，取所獻狐白裘至，以獻秦王幸姬。幸姬為言昭王，昭王釋孟嘗君。《史記・孟嘗君列傳》

❷❸ 孟嘗君得出，即馳去，更封傳，變名姓以出關。夜半至函谷關。秦昭王後悔出孟嘗君，求之已去，即使人馳傳逐之。孟嘗君至關，關法雞鳴而出客，孟嘗君恐追至，客之居下坐者有能為雞鳴，而雞齊鳴，遂發傳出。出如食頃，秦追果至關，已后孟嘗君出，乃還。始孟嘗君列此二人於賓客，賓客盡羞之，及孟嘗君有秦難，卒此二人拔之。自是之后，客皆服。《史記・孟嘗君列傳》

前，就在吳軍面前，同時大喊之後舉刀刎頸自殺。這血淋淋、陰氣逼人的場面，震撼了吳軍，讓越軍得以襲擊吳軍，敗吳師於檇李，還射傷了吳王闔廬，讓他因傷而死。[24]

死囚充當突擊隊，赴敵後出任務，戴罪立功，以換得減刑，曾是不少電影的情節。但是像越國罪人三百，自刎撼敵的場面，不只撼動吳軍，兩千年後的讀者讀此一章，也不得不為那鬼哭神號的場面為之動容！死囚賤極，其功偉矣！

三、獅子與老鼠

明白了「角色沒有貴賤大小」這個道理，在對待他人時，我們要做到不因別人的社會地位、富貴貧賤、權勢大小而對他有差別待遇。

中國有「雞鳴狗盜」和「罪人自刎撼敵」的故事，西方《伊索寓言》中有一則〈獅子與老鼠〉的寓言：吵醒了獅子而被獅子捉住的老鼠，懇求獅子放過牠，許諾日後一定會回報獅子的大恩大德。獅子雖然不相信這麼渺小的老鼠能對牠這麼偉大的獅子能有什麼幫助，還是放過了老鼠；哪想到，當獅子被獵人所設的陷阱捉到，被

[24] 元年，吳王闔廬聞允常死，乃興師伐越。越王句踐使死士挑戰，三行，至吳陳，呼而自剄。吳師觀之，越因襲擊吳師，吳師敗於檇李，射傷吳王闔廬。闔廬且死，告其子夫差曰：「必毋忘越。」《史記・越王句踐世家》

繩索五花大綁時，竟是渺小的老鼠用牠的牙齒咬斷繩索，讓獅子得以逃出獵人的掌握。

〈獅子與老鼠〉寓言的教訓是：渺小的朋友卻可能是對你有大幫助的朋友。另一個西方的說法也值得我們記住：

善待那些在你高升路上所遇到的人！在你往下時，你會遇到同樣的人。㉕

「人」的角色先於其他

每個人世間瀟灑走一回，有一個總的角色要先扮演好，才能再考量人生舞台上的其他角色，這總的角色就是「人」的角色。

而中華文化的目標，就是在教人怎麼把「人」的角色演好。㉖儒家思想下，任何人，上自一國之君，下到普通老百姓，都共享一樁恆常不變的人生功課：時時不斷地修正自己的行為，使自己成為一個更完美的人，把「人」的角色做到最好。㉗

隨手翻開任何一本經典，看到的章句都是在教導我們如何做

㉕ Be kind to the people you meet on the way up, because you're going to meet the same people on the way down. —— Ralph Kramden in TV Series "Honeymooners"

㉖ 中華文化就是教人如何做個人。《人生十論》

㉗ 自天子以至於庶人，壹是皆以修身為本。《大學・經一章》

人、如何做一個更好的人。

老子認為做人的道理在於：心要虛小慎微，志向要宏大兼納，智慧要無窮不竭，行為要方正素白，才能要文武兼備，事情要持要簡約。㉘

孔老夫子認為：君子不能像器皿一樣，只有一種用途。君子要有多元的才能，就像一年有春、夏、秋、冬，一日有早、晚、晨、昏；在不同時空，要有不同的適所表現。㉙

居上位，不欺凌下位的人；居下位，不讒媚攀附上位的人。端正自己，而不輕易責備別人，就不會有人怨恨我們。上不怨天的不保祐，下不怨友的不幫忙。所以君子素位其行，安守崗位，以等待天時命運來臨；小人則投機取巧，冒險行詐，想取得分外不當的利益。孔老夫子說：「射箭這件事，有如君子的情操，射不中紅心，不能怪靶子不正，而應該反省檢討自己。」這就是做人的道理。㉚

讓自己今天比昨天好

而做人要做到什麼個樣才算有成呢？《小窗幽記・集醒篇》裡

㉘ 老子曰：「凡人之道，心欲小，志欲大，智欲圓，行欲方，能欲多，事欲少。」《文子・微明》

㉙ 子曰：「君子不器。」《論語・為政篇》

㉚ 在上位不陵下，在下位不援上，正己而不求於人，則無怨。上不怨天，下不尤人。故君子居易以俟命，小人行險以徼幸。子曰：「射有似乎君子，失諸正鵠，反求諸其身。」《中庸》

的這段話，勾勒出一個模樣，足以讓我們在腦海中想像一下，真能做到那樣，就太棒了！

身要嚴重，意要閑定，色要溫雅，氣要平和，語要簡徐，心要光明，量要闊大，志要果毅，機要縝密，事要妥當。

整套中華文化，都在教我們怎麼做人，哪怕只讀了一小段經典，只要能實踐其中正確的做人道理，讓自己今天比昨天的做人處世做得更好，就是走在正確的道路上，就值得給自己按個讚！

但如果一個人同時扮演多重角色而發生角色衝突的問題，又要如何取捨？以孟老夫子對桃應所問「瞽瞍殺人，舜要怎麼辦？」的回應來看，經典中所教導的就和今世之人可能的做法大不同，值得我們深思。

桃應問說：「舜做天子，皋陶做獄官，如果舜的父親瞽瞍殺了人，皋陶該怎麼辦？」孟老夫子回答：「依法把瞽瞍抓起來就是了。」桃應又問：「那舜不加以阻止嗎？」孟老夫子說：「舜怎麼能阻止呢？皋陶是依法抓人啊！」又問：「那舜怎麼辦呢？」孟老夫子說：「舜視放棄天下權位這件事就像拋棄舊草鞋一樣。他只好偷偷地背著瞽瞍逃走，到海邊躲藏起來，盡其一生，高高興興地侍奉瞽瞍，快樂地忘掉天下！」[31]

現代人會怎麼回答呢？該不會是安坐天子寶座，理直氣壯地說「大義滅親」吧？古人的智慧、孟老夫子的智慧，真是讓我們相形見慚！

世界舞台人生戲

西方人很早就把世界和舞台相比擬，把人和演員相比擬；而把人生分為不同的階段在西方藝術和文學上也是常見的事。

英國大文豪莎士比亞（William Shakespeare）在他一齣膾炙人口的喜劇中有一段獨白，開始的一句話已成為萬千觀眾和讀者熟悉的名言：「世界是個舞台，所有的男男女女只是演員，有他們各自的進場和出場……。」[32]

劇中也提到，一個人在他的時代扮演了許多的角色，有七個不同年紀的演出：嬰兒、學童、戀愛中的青年、軍人、正義之士、老

[31] 桃應問曰：「舜為天子，皋陶為士，瞽瞍殺人，則如之何？」孟子曰：「執之而已矣。」「然則舜不禁與？」曰：「夫舜惡得而禁之？夫有所受之也。」「然則舜如之何？」曰：「舜視棄天下猶棄敝蹝也。竊負而逃，遵海濱而處，終身欣然，樂而忘天下。」《孟子・盡心上》

[32] All the world's a stage, And all the men and women merely players; They have their exits and their entrances.... ——*As You Like It*, Act II, Scene 7

丑、垂老之人。[33]

這樣想吧！人生是齣戲，你是個演員，不管你的背景、學歷、經歷是什麼，在人生的這齣戲裡，不妨從歷史上有成就的人物中選出一位你欣賞的人物，研究他的生平、成長過程、人格特質、人生態度、處世方法、對人類做出貢獻的方式，研究清楚之後就把他當成你要扮演的角色，全心全意演好它！

想扮演任何一位道、神、聖、賢，其實並不困難！經典中對他們的思想、言行、舉止有充分的描述，你只要揣摩他、學他、入戲演他就好了。若你想演孔老夫子，那遇到任何事，就想：依照經典對孔老夫子的描述，孔老夫子碰到這事會怎麼辦？你就照著辦。若你想演老子，那遇到任何事，就想：依照《道德經》的內容及其他經典對老子的描述，老子碰到這事會怎麼辦？你就照著辦。若你想演創作了《孫子兵法》的孫武，遇到任何事，就想：依照《孫子兵法》，孫武碰到這事會怎麼辦？你就照著辦。

世界是舞台，人生是齣戲，演好你所挑選的道、神、聖、賢角色，你就是那個道、神、聖、賢！

[33] And one man in his time plays many parts, His acts being seven ages. ...the infant, ...the whining schoolboy, ...the lover, ...a soldier, ...the justice, ...the lean and slippered pantaloon, ...Sans teeth, sans eyes, sans taste, sans everything.——*As You Like It*, Act II, Scene 7

第十五篇

取法乎上

目標設高，當下努力去做，夢想終將實現。

別人如何對待你，是由於你自己的所做所為決定的，
表現得像國王，別人就待你如國王。
有為者亦若是，將目標設高、設大，
選定一個更完善的角色，做為自己努力的目標，
取法乎上，沒有不可能的夢想！

素位其行之外，還要素行其位

前篇〈素位其行〉闡述了「做什麼，要像什麼」的觀念。想擁有豐富人生的有志之士，除了在自己現有的角色上素位其行，還應該「取法乎上」！取法乎上在這兒有兩種涵意：

第一，在自己現有的角色上，應該以高標準自我要求，所謂「做什麼，要像什麼」，是要像那類角色中的頂尖好手，而非只滿足於做個泛泛之輩。

第二，在人生道路上選定一個比現有角色更能造福社會、兼善天下的角色，做為自己努力的目標，先學習磨練該角色所必須具備的心性智慧——這就稱為「素行其位」——再等待有利時機的到來，水到渠成地跨入那夢想追求的目標角色。

第十二篇講了「知所先後」，請問：那人生在世，是先得到角色，還是先練就了扮演那個角色所必須具備的心性智慧和處世功夫？

人要怎樣「成為」君子？君子之道、君子的心性智慧和處世功夫，當然不是一個人在成為君子之後才趕著去學、去磨練成就的，必定是先展現了君子的心性智慧和處世功夫後，才被別人視為君子！

人要怎樣「成為」將帥？將帥之道、將帥的心性智慧和運籌帷幄，當然不是一個人被授予將帥大印之後才倉促去學、去磨練成就的，必定是先展現了將帥的心性智慧和運籌帷幄後，才被授予將帥大印！

人要怎樣「成為」領導人？領導人的領導之術和統御手段，當然也不是一個人得了領導人大位之後才摸索去學、去磨練成就的，必定是先展現了領導人的領導之術和統御手段，才眾望所歸地得到領導大位！

準備好再跨入角色

先練就扮演角色所必須具備的心性智慧和處世功夫在先，是本；得到角色在後，是末，這是正確的本末先後次序！所以我們要「素行其位」，針對自己未來想扮演的目標角色，先學習磨練所需具備的心性智慧和處世功夫，再等待有利時機、水到渠成地跨入那個角色。

必會有人質疑，這樣的本末先後次序和當今觀察到的大不相同：當今世上多得是先拿到位子角色再說，做得不好，則大言不慚地辯稱「職務又沒有訓練班，只能做中學」！這個大不同處，正是當今世亂的原因之一！

《圍爐夜話》裡有兩句話說得好，把以上所講的精髓都點出來了：

人皆欲貴也，請問一官到手，怎樣施行？人皆欲富也，且問萬貫纏腰，如何布置？

財不患其不得，患財得而不能善用其財；祿不患其不來，患祿來而不能無愧其祿。

嗚呼哀哉！今世這些人不讀經典或是沒讀通經典！不知道要先「素行其位」，所以即使搶到了夢寐以求的位子角色，也沒辦法做到「素位其行」！

樹立典範，見賢思齊

人往高處爬，很少有人不想做A咖的。為自己所設定人生道路上的下一個角色，應該是一個比現在所扮演角色制高點更高、更能造福社會的角色。

孔老夫子鼓勵弟子，看到比自己賢德的人，要向他們看齊、學習，而看到賢德不如自己的人，就要自我反省，想想自己有沒有同樣的缺點，有，則改之，無，則自我勉勵。❶

而檢驗諸多經典的整體內涵，我們可以發現其主軸就是在教導人們如何做人、如何改進自己、如何修正自己的行為，以成為一個更好的人。經典藉著對道、神、聖、賢、君子、士這些角色的描述，為人們樹立了典範，提供見賢思齊的對象和學習內容。

舉例來說，針對子路所問的「成人」——成德的完人，孔老夫子對什麼樣的人才算是「成人」做了清楚明白的說明。孔老夫子先說：「能有臧武仲那樣的智慧，孟公綽那樣的廉潔，卞莊子那樣的勇敢，冉求那樣的才藝，再加上禮樂的薰陶，就算是成德的完人了！」❷

【典籍出處】

❶ 子曰：「見賢思齊焉，見不賢而內自省也。」《論語・里仁篇》

❷ 子路問成人。子曰：「若臧武仲之知，公綽之不欲，卞莊子之勇，冉求之藝，文之以禮樂，亦可以為成人矣！」《論語・憲問篇》

擔心大家做不到這樣的標準，孔老夫子又說：「至於現今所謂的成人，何必要這樣的高標準？能夠見利思義，見危授命，不論過了多久，都不忘記平生的諾言，做到這樣，也可以算是成德的完人了！」❸

對經典的教誨往往專注在做人處世上，卻少著墨於如何追求權勢和財富，那些想在權勢上、財富上做A咖的人，可能因此感到失望、氣餒。別失望，別氣餒，正如第十一篇〈迂迴至要〉指出的，只要修身有成，得到天爵，權勢、財富和其他人爵的副產品都會隨之而來；安心地跟著經典的教誨見賢思齊、學習做人、追求天爵吧！

有爲者亦若是！

滕文公身為世子時，將到楚國，聽說孟老夫子在宋國，特別繞道經過那兒去見他。孟老夫子向他講述了人性本善的道理，不斷引述堯舜的言行做為佐證。當世子由楚國回來的時候，又再來見孟老夫子。❹

❸ 曰：「今之成人者，何必然？見利思義，見危授命，久要不忘平生之言，亦可以為成人矣！」《論語・憲問篇》

❹ 滕文公為世子，將之楚，過宋而見孟子。孟子道性善，言必稱堯舜。世子自楚反，復見孟子。《孟子・滕文公上》

孟老夫子說：「您懷疑我所說的話嗎？天下的道理只有這個妙理罷了。齊國勇士成覸曾向齊景公說：『他是男子漢，我也是男子漢，我為什麼要怕他？』顏淵曾說：『舜是什麼樣的人？我是什麼樣的人？只要有所作為，就可以成為像舜一樣。』魯國的賢人公明儀也曾說：『周公曾說文王是他的父親，也是他的老師，周公難道會騙我嗎？』現在滕國雖小，但取長補短，也有五十里大小的土地，還是可以成為一個行善的國家。《書經》說：『藥力太小，吃下去沒有昏眩的感覺，病是不會好的。』」❺

看到別人做得好，看到別人表現好，不必羨慕。經典不只告訴我們「有為者亦若是」，更詳細地說明了要做到「亦若是」的道路，那就是：多讀經典，必多收穫！

當孟老夫子離開齊國時，對弟子虞路解釋自己並沒有因此憂戚，曾說出了頂天立地、充滿豪情的一段話：「老天爺是沒有想要天下平治啊！如果想要天下平治，在當今之世，老天爺除了用我，還能用誰呢？」❻

孟老夫子期許滕文公要取法乎上，自己先就做到了，他自己也是取法乎上啊！

❺孟子曰：「世子疑吾言乎？夫道一而已矣。成覸謂齊景公曰：『彼丈夫也，我丈夫也，吾何畏彼哉？』顏淵曰：『舜何人也？予何人也？有為者亦若是。』公明儀曰：『文王我師也，周公豈欺我哉？』今滕，絕長補短，將五十里也，猶可以為善國。《書》曰：『若藥不瞑眩，厥疾不瘳。』」《孟子・滕文公上》

❻曰：「……夫天未欲平治天下也；如欲平治天下，當今之世，舍我其誰？……」《孟子・公孫丑下》

設定目標，當下就做！

要想偉大，不必空談未來抱負，而是在當下此地就該做出偉大的事！

以同一篇演講〈鑽石遍地〉（Acres of Diamonds）講了五千多遍，化人無數，為人所津津樂道的美國律師、傳教士、天普大學（Temple University）創辦人羅素・康威爾（Russell Conwell）博士曾在其中一次演講會上，對兩位表示要在費城競選公職，以便有機會做出偉大的事、成為偉大之人的年輕人和所有聽眾做出這樣的回應和呼籲：「要想偉大，不必等到公職在身，一個人如果真能變得偉大，當下在這兒就該做出偉大的事！」❼

做偉大的事，其根本在自己，而不在是否身居公職；當下此地若做不出偉大的事，又怎麼保證能在身居公職之後能做出偉大的事？所以，想要做出偉大事業的人，必先當下此地就做出偉大的事——這是讓別人相信你未來可以做出偉大事業的唯一證明！

康威爾博士的論點，對今世一再重複發生，在民主政治選舉中，候選人競相推出華而不實的政見，巧妙包裝虛幻形象，以爭

❼ Greatness consists not in the holding of some future office, but really consists in doing great deeds with little means and the accomplishment of vast purposes from the private ranks of life. To be great at all one must be great here, now, in Philadelphia. He who can give to this city better streets and better sidewalks, better schools and more colleges, more happiness and more civilization, more of God, he will be great anywhere. ——Acres of Diamonds

（偉大不在於未來所能擔任顯赫重要的公職，而在於在還沒有擔任公職的時候就已經以卑微身分所做出的偉大行為和達到的重要目標。想要成為偉大的人，一個人必須當下在此地，在費城，就已經做了偉大的事。一個人如果可以帶給費城更好的街道、人行道和中小學校、更多的大學、更多的歡樂和文明、更多的神，他在任何地方都會是一位偉大的人。）

取——甚至騙取選票的現象——正是當頭棒喝！

展現修身的進階功夫

康威爾博士主張：公職在身不是成就偉大事業的必要條件，具備能做出偉大事業所必需的人格特質、德行操守才是。這個立論基礎，其實和中華文化教人如何做一個人，而且這一套做人的心性智慧自天子以至於庶人一體適用，正是異曲同工。[8]

中華文化這一套做人的心性智慧，就是《大學》格、致、誠、正、修、齊、治、平這八項修身的進階功夫。一個人若是把這套功夫練好了，隨著外在的際遇，便能有不同的成就。不遇時，仍可以獨善其身，展現格、致、誠、正、修、齊；一旦時來運轉，就可以展現治國、平天下的成果。

因此，放在《大學》修身進階的架構下，要判斷一個人能不能治國，不是也不必從他高唱的政見口號檢視，而是要看他在格、致、誠、正、修、齊上，特別是修身、齊家做得好不好？要判斷一個人能不能平天下，不是也不必從他高唱的政見口號檢視，而是要

[8] 中華文化教人如何做一個人。《人生十論》
自天子以至於庶人，壹是皆以修身為本。《大學・經一章》

看他在格、致、誠、正、修、齊、治上，特別是齊家、治國表現得好不好？

換句話說，依照中國的大人之學，要知道一個人將來是不是能夠成就偉業，並不需要問他的政見口號，只要問他：「你從過去到現在，做了什麼偉大的事？展現了哪些可以做出偉大事業的心性智慧？」

那些在民主政治下，一次又一次在競選期間被候選人華而不實的政見、巧妙包裝的虛幻形象唬得一愣一愣的，選舉後又被當選的同一人胡亂施政、整得死去活來的萬千選民，可能正搥胸頓足，後悔沒有即早領悟《大學》，後悔沒有即早讀過康威爾博士的〈鑽石遍地〉！

往好的看，做選民的，只要下次別再被騙就好了！

用在己身，也期許別人

西方人有這樣的觀念：表現得像國王，別人就待你如國王。別人如何對待你，是由你自己的所作所為決定的。表現得粗鄙或平凡會讓別人不尊重你。國王懂得尊重自己，因而激發了別人對他的尊重。表現出王者的氣度和舉止，對自己的力量展現自信，就會像注定要戴上皇冠般的尊貴。❾

每個人都應持守自己的尊嚴。雖不是人人都是國王，但是每個人的所作所為都應該展現王者的風範與氣度。以王者的高度做事，行為高尚，思想高尚；雖然沒有國王的權勢，至少表現得像個國王。真正的君權來自正直的操守，當自己可以成為展現偉大內涵的標杆時，就不必羨慕別人的偉大。特別是那些圍繞在王位周圍的人，更應該追求真正的優越，分享王權的真正內涵，而非只浸淫在虛幻的王室儀式中。❿

「取法乎上」可以用來自我砥礪，讓自己表現得更好；更可以用在對別人的期許上。以較高的期許對待別人，往往可以提升對方的自尊和自我期許，促成他變成一個更好的人。

這樣的例子屢見不鮮：根據一個人現在的身分和表現對待他，他會維持現在的身分和表現。以一個人可以做到或應該做到更好的身分和表現對待他，他就會變得更好！⓫

❾ Law 34: Be Royal In Your Own Fashion: Act like a king to be treated like one. The way you carry yourself will often determine how you are treated: In the long run, appearing vulgar or common will make people disrespect you. For a king respects himself and inspires the same sentiment in others. By acting regally and confident of your powers, you make yourself seem destined to wear a crown. —— *The 48 Laws of Power*

❿ Let us keep up his dignity. Let each deed of a person in its degree, though he be not a king, be worthy of a prince and let his action be princely within due limits. Sublime in action, lofty in thought, in all things like a king, at least in merit if not in might. For true kingship lies in spotless rectitude and he need not envy greatness who can serve as a model of it. Especially should those near the throne aim at true superior-ity, and prefer to share the true qualities of royalty rather than take parts in mere ceremonies – yet without affecting its imperfections but

唐吉軻德的啟示

聽過〈The Impossible Dream〉這首歌吧？以這首歌為主題曲，故事改編自十七世紀名著《唐吉軻德》（*Don Quixote*）的百老匯音樂劇 *Man of La Mancha*，講的是一位歐洲中世紀騎士和一名街頭妓女的故事。雖然妓女身處墮落的環境，但騎士對她另眼相看，在她身上看到了美好而值得去愛的東西，為她取了新名字德睦辛娜（Dulcinea）；經過初期的排斥，德睦辛娜也逐漸找回並重建自己的德行，開始相信自己的價值。

改變從來不容易，當德睦辛娜又陷入過去的生活，瀕臨死亡的騎士把她找到床前，唱出〈The Impossible Dream〉——

To dream... the impossible dream... To fight... the unbeatable foe...To bear... with unbearable sorrow... To run... where the brave dare not go... To right... the unrightable wrong... To love... pure and chaste from afar... To try... when your arms are too weary... To reach... the unreachable star.... ＊

sharing in its true dignity. ——*The Art of Worldly Wisdom,* No.103

⓫ Treat a man as he is and he will remain as he is. Treat a man as he can and should be and he will become as he can and should be. ——Johann Wolfgang von Goethe

＊歌詞譯文見頁二四〇。

騎士凝視著德陸辛娜的眼睛，對她耳語：「別忘了，你是德陸辛娜！」

生活中不乏活生生的例子，當我們對子女、兄弟姊妹、同事、學生、部屬、後學愈看重，愈給予尊重，他們也會愈懂得自重，表現得愈好！

目標要設高、設大

咱的祖先是要求完美的。《大學》開宗明義就闡述，要成為一位大人——有操守德行的人——的三階段是：(1) 找到自己靈明的本性；(2) 不斷求新，自我提升；(3) 直到至善的境界才停止。⑫

古代賢明的國君曾自謙並對後代充滿期許地說：「你們應該更求以古代的聖王為師，學習效法，像我這樣，是不足為學習榜樣的。以上焉者為學習的榜樣，往往只得到中焉者；如果只以中焉者為學習的榜樣，恐怕結果就落得只得到下焉者了。」⑬

這個淺顯易懂的道理，言簡意賅地說明了目標要設高、設大的精義。

⑫ 大學之道，在明明德，在親民，在止於至善。《大學・經一章》

⑬ 汝當更求古之哲王以為師，如吾，不足法也。夫取法於上，僅得其中；取法於中，不免為下。《帝範》

一、大義不成，既有成已

從前舜想收伏海外，雖然沒有成功，但已足以成就帝業；禹想成就帝業，雖然沒有成功，但已足以統治海內；湯、武想繼承帝禹的王業，雖然沒有成功，但已足以統治所有舟車人跡所到之處；五霸想繼承湯、武的事業，雖然沒有成功，但已足以做為諸侯的霸主；孔老夫子和墨子想把他們倡導的道推行於天下，雖然沒有成功，但已足以成為顯赫榮耀的人物。⑭

由此看來，宏圖大略即使不能完全成功，只要去做，就已經會有相當的成就，所以務必致力於宏圖大略。《夏書》有云：「天子的功德，廣大深遠，玄妙神奇，既勇武又文雅。」所以當務在有所作為，且作為要大。⑮

二、大能容納更多

地大了，才有常祥、不庭、岐母、群抵、天翟、不周這些大山；山大了，才有虎、豹、熊、猿、猴這些野獸；水大了，才有蛟、龍、黿、鼉、鱣、鮪這些水族。《商書》有載：「五世的古廟，可以看到鬼怪；萬人的首領，可以產生奇謀。」孔穴小洞容不下池

⑭ 昔有舜欲服海外而不成，既足以成帝矣。禹欲帝而不成，既足以王海內矣。湯、武欲繼禹而不成，既足以王通達矣。五伯欲繼湯、武而不成，既足以為諸侯長矣。孔、墨欲行大道於世而不成，既足以成顯榮矣。《呂氏春秋・務大》

⑮ 夫大義之不成，既有成矣已。《夏書》曰：「天子之德廣運，乃神，乃武乃文。」故務在事，事在大。《呂氏春秋・諭大》

沼，水井中沒有大魚，新栽的樹林沒有高樹，凡是謀劃事情能夠取得成功的，必定是由廣大、眾多、長久而來，真的是這樣的。⑯

這解釋了：數大便是美；大能容納得多，有更多的空間和資源，就能成就更大格局的結果！

三、大是全局，影響每一部分

所以說：天下大亂，就沒有安定的國家；一國全亂，就沒有安定的采邑；采邑全亂，就沒有平安的個人。所以，小區域的安定，要靠整個大局的穩定；整個大局的穩定，也要靠各個小區域的安定。小與大，貴與賤，彼此互相依賴，然後都得到自己追求的快樂。要小的安定，就要崇尚大的。⑰

大是全局，影響到每一部分；顧好大的，小的才能平穩安定！

與古人一比心志功業而不愧

講了這麼多，最後要再次提醒確認：取法乎上，必定要以經典的標準來取法乎上；所謂目標要設高、設大，事情要規劃大、要做

⑯ 地大則有常祥、不庭、歧母、群抵、天翟、不周，山大則有虎豹熊蜈蛆，水大則有蛟龍黿鼉鱣鮪。《商書》曰：「五世之廟，可以觀怪；萬夫之長，可以生謀。」空中之無澤陂也，井中之無大魚也，新林之無長木也，凡謀物之成也，必由廣大眾多長久，信也。《呂氏春秋・諭大》

⑰ 季子曰：「……故曰：『天下大亂，無有安國；一國盡亂，無有安家；一家皆亂，無有安身』，此之謂也。故小之定也必恃大，大之安也必恃小。小大貴賤，交相為恃，然後皆得其樂。」定賤小在於貴大……。《呂氏春秋・諭大》

大，指的都是符合經典心性智慧的目標和事情。而且要如《小窗幽記・集法篇》所言：

志不可一日墜，心不可一日放。

當今世亂，價值混淆，任何人在取法乎上，選擇能學習的上焉者時，要特別小心，不能盲目推崇效法任何有權、有勢、有錢、有成就的人，輕率地以他們做為模仿學習的榜樣。許多當今有權、有勢、有錢、有成就的人，若拿道、神、聖、賢經典的標準衡量，都不值得我們學習！甚至正是該被我們唾棄的對象！

但別擔心！這本書會讓你對什麼是道、神、聖、賢眼中該學習的上焉者，一清二楚！根據書中闡述經典的標準，你可以立下志向，做天下必定不可以沒有的人，做出別人必定做不到的事，不枉費來人間瀟灑走一回，不虛度自己的一生！⓲

取法乎上，只要繼續努力下去，終有一天，你可以充滿豪氣地說出這句話：「不恨我不見古人，惟恨古人不見我。」⓳

當能與古人一比心志功業而不愧時，不虛此生矣！

⓲ 能為世必不可少之人，能為人必不可及之事，則庶幾此生不虛。《小窗幽記・集豪篇》

⓳ 不恨我不見古人，惟恨古人不見我。《小窗幽記・集豪篇》

沒有不可能的夢想

編織那不可能實現的夢，對抗那不可被擊敗的敵人，承擔那不可承擔的悲傷，奔向那勇者都不敢去的地方，糾正那不可能被糾正的錯過，鍾愛那來自遙遠的純正貞節，即使手臂已經疲憊仍要繼續嘗試，要去觸摸那遙不可及的星星！

追逐那星星是我的使命，不論多麼無望，不論多遠，不遲疑、不停歇，為對的事而奮戰，願意為了一項天命衝進地獄！

我知道，如果對這項光榮的使命待之以真誠，當我躺下安息時，我的心會既和平又平靜，世界會因為這樣而變得更好，有這麼一個被人輕蔑、滿身傷痕的人，以他最後一絲的勇氣仍在奮戰，要去觸摸那遙不可及的星星！[20]

這是〈The Impossible Dream〉歌詞的含義，勾繪出唐吉軻德要去觸摸那遙不可及星星的心聲！雖然名為不可能實現的夢，但是有了唐吉軻德的永不放棄，歌詞的未盡之意讓我們領悟：那看似不可能實現的夢，其實是絕對可以實現的！

[20] To dream ... the impossible dream ... To fight ... the unbeatable foe ... To bear ... with unbearable sorrow ... To run ... where the brave dare not go ... To right ... the unrightable wrong ... To love ... pure and chaste from afar ... To try ... when your arms are too weary ... To reach ... the unreachable star ...

This is my quest, to follow that star ... No matter how hopeless, no matter how far ...

To fight for the right, without question or pause ... To be willing to march into Hell, for a Heavenly cause ...

And I know if I'll only be true, to this glorious quest, That my heart will lie will lie peaceful and calm, when I'm laid to my rest ...

And the world will be better for this: That one man, scorned and covered with scars, Still strove, with his last ounce of courage, To reach ... the unreachable star ... .

——The Impossible Dream Lyrics

學習唐吉軻德永不放棄的精神，沒有實現不了的夢想。

第十六篇

合宜得當

宜不宜，要依當時之「情」、「形」與「勢」判斷！

做人處世所要遵循的遊戲規則，
最難做到的，也是最終極應該做到的，
是所作所為針對當時的情、形、勢，必須合宜、得當。
而人們常說「盜亦有道」，真是這樣嗎？
脫離了本質依託，不走正確的路線，盜，必然無道！

一場拚了命的競技

二〇〇八年發生了一件事，讓台灣媒體大肆報導，對當事人大加讚揚，大陸也有網友加入喝采，之後幾年內，台灣還有考試將此一事件及當事人納入考題，社會一直把它當成一個值得鼓勵效法的榜樣。其實，心平氣和檢驗當事人的作為，會發現它是不合宜、不得當的！整個社會，隨著煽情的媒體起舞，都喝錯采了！

時間是八月，地點是北京奧林匹克運動會。台灣代表團的一名跆拳道女選手，在第一場比賽時傷了左膝韌帶，第二場比賽負傷上場一比零擊敗對手，第三場銅牌賽再度抱傷上場，一名台灣媒體的記者做了如下的報導：

……〔女選手〕負傷力戰，〔對手〕沒有主攻〔女選手〕傷痛處，主審甚至主動喊暫停，這場跆拳道賽是北京奧運最讓人動容的一戰。

看著〔女選手〕仆倒再起、起而復倒，場邊都流下熱淚，培訓隊教練……賽後淚水止不住：「如果是我女兒，我一定不讓她比賽。」

﹝女選手﹞左膝韌帶首戰後受傷，經隊醫初步診斷，預估七、八成是斷了，但她堅持參加復活賽，復活賽第一戰倒地七次，銅牌戰倒地十一次，可是﹝女選手﹞參賽的眼神堅決，場邊教練……數度想拋毛巾棄賽，都忍下來。

﹝女選手﹞堅決不退，也感染了摩洛哥主審。﹝女選手﹞在銅牌戰每次倒地，主審都耐心等她站起，甚至主動喊停，讓防護員上場治療。﹝培訓隊教練﹞說，照理主審可以判﹝女選手﹞無數次警告，但主審似乎也為﹝女選手﹞奮戰不懈而感動。

﹝對手﹞也值得稱許，她知道﹝女選手﹞只剩單腳，沒有攻擊她的傷痛左腳，而主攻頭部，﹝培訓隊教練﹞說：「﹝對手﹞沒有在她傷口撒鹽。」

一場銅牌戰，由﹝女選手﹞的受傷力拚，主審執法的通情達理，﹝對手﹞的尊敬對手，展現了可貴的奧林匹克精神。【聯合報／黃顯祐】

運動比賽根本不是拚命的場合，哪要搞到拚死拚活！什麼場合下可以拚命、應該拚命？第一，在戰場上與敵人作戰；第二，有人侵入你家，威脅到你和家人人身和財產的安全；第三，有人在其他場所威脅到你和家人人身和財產的安全，卻又死纏不放，不讓受害人脫身。運動場上的競技，不在以上三者之中，搞到拚死拚活，失之太過！

合宜得當大不易

孔老夫子曾說：「君子與人無所爭，如果真有什麼要競爭的，也必然是在射禮的場合了！而即使在那個競爭的場合，也是相互作揖，謙讓一番，登堂射箭，射完之後，又再相互作揖，謙讓一番。走下堂來，得勝的人請失敗的一方飲酒受罰，這樣的競爭是很有君子風度的。」❶

好個「揖讓而升，下而飲」！讓我們腦海中浮現出一位態度從容不迫、勝不驕敗不餒的運動員，以謙謙君子的態度參加比賽。這和台灣某家報紙以女選手所說「在奧運殿堂，死掉都值」做為標題，強調女選手悲壯犧牲的情緒相比，可謂差之千里矣！

【典籍出處】

❶子曰：「君子無所爭，必也射乎！揖讓而升，下而飲，其爭也君子。」《論語・八佾篇》

女選手說是要為罹癌的父親拿下一面獎牌，以慰父親；卻忘了不只生命寶貴，身體髮膚受之父母，也應當要珍惜愛護。女選手的所作所為，殘害自己的身體，其實反而是違反孝道的。❷

除了不符合經典的教誨，只要我們試著檢視下面的一些問題，就會發現女選手的作為輕率且完全沒有考慮對任何利害關係人的影響，可能後患無窮，也因此是不符合社會群體利益的。

如果女選手因為堅持負傷出戰，導致傷勢惡化，甚至於變成殘廢，是不是會讓她罹癌的父親更難過？也許因此讓父親的病情加重？如果女選手因為堅持負傷出戰，導致傷勢惡化，得花更多醫療費治療，甚至變成殘廢，保險公司是該給付還是不給付？如果女選手堅持負傷出戰，變成殘廢，是自己的責任，還是教練、裁判、大會、甚至國家奧委會的責任？萬一，對手因為對她負傷比賽心存同情，反而落敗，是不是會引來對方抗議和更多的糾紛？

一件被全台灣媒體一致吹捧、政治人物煽風喝采、當事人成為全民偶像的事件，當冷靜地仔細檢視，竟然是不合宜、不得當的行為；恰恰證明了當今世人不讀經典、頭腦不清、價值錯亂！也彰顯了要做到合宜、得當，還真不容易！

❷ 身體髮膚，受之父母，不敢毀傷，孝之始也。《孝經・開宗明義章第一》

宜不宜：視情、視形、視勢

「宜」是適合、應該，「當」是相持、相抵。

做人處世要遵循的遊戲規則，最明顯、最直接的是國家的法律，但是法律條文未必規範到人碰到的所有情境，也未必提供了行為的最佳典範；做人處世要遵循的遊戲規則，最難做到的，也是最終極應該做到的，是所做所為針對當時的「情」、「形」與「勢」，必須合宜、必須得當。

違法的行為，社會大眾容易辨識，還有公權力的取締追訴，對社會的傷害是「滾水煮青蛙」，是看得見、感覺得到痛的！

不合宜、不得當的行為，社會大眾不易辨識，通常不算違法，沒有公權力的取締追訴，對社會的傷害是「溫水煮青蛙」，是看不見、感覺不到痛的，卻一點一滴、一步一步，在我們不知不覺下，逐漸地侵蝕社會的價值觀！世人惕之！讀者惕之！

要做到合宜、得當的難處，在於某種情境下合宜、得當的行為，當時空變化，落在另一種情境下，可能就不合宜、不得當了！在戰場上拚命，合宜、得當，在奧運競技場上拚命，不合宜、不得當，就是一例。

大多數人昧於分辨時空和情境，是因為許多事情的趨向外觀雖然很相似，實際卻迥然不同，這不是因為事情本身特殊怪異，而是時勢變化造成的。❸

而因為時空變化，所遭遇的「情」、「形」與「勢」不同，能夠被稱為合宜、得當的標準也隨之改變，若不能察覺到遊戲規則的不同，仍以彼時的行為因應此時的「情」、「形」、「勢」，就不合宜、不得當了。

此一時彼一時的判斷力

分辨不同時空下「情」、「形」與「勢」的不同，是一項可以靠學習磨練而累積的本領。美國哈佛大學法學院每年五百名的一年級新生，在入學的第一個星期就花下功夫學習如何分辨不同法律案件之間事實的異同（Distinguishing cases），進而做為判斷先前法院判例是否可以成為現今案件判決的依據；這套本領在判斷「彼時合宜得當，此時如何？」，是有很大幫助的！

❸ 夫事有趨同而勢異者，非事詭也，時之變耳。《反經・時宜二十一》

道、神、聖、賢經典也告訴我們，需納入各種相關因素，顧及所有利害關係人的權益，做通盤周詳的考量。而要圓滿地考量，一個人必須具有時空不同、對待不同的領悟，分辨異同的敏銳觀察力，孰先孰後、孰輕孰重的正確觀念，否則就容易掉入引用個人狹隘知識、濫用過去經驗的陷阱！

惠施為魏惠王草擬法令，完成後，拿出來給眾人看，大家都稱讚法令擬得好。把法令獻給惠王，惠王也說好。拿給翟翦看，翟翦說：「好啊！」惠王又問：「這法可以施行嗎？」翟翦卻說：「不可。」惠王感到疑惑：「說法令擬得好，卻又說不可以施行，為什麼呢？」❹

翟翦說：「如今抬大木頭的人，前面的唱著齊力舉重的歌謠，後面的跟著應和，這歌調對抬大木頭來說是算好的了，但難道沒有更悅耳的鄭、衛之音嗎？那是因為對抬木頭者來說，鄭、衛之音不如舉重歌謠來得適合啊！治理國家也和抬大木頭挑選歌謠一樣，法令要適宜啊！」❺

同住一間房子的人和別人打架，要趕去勸阻，即使披頭散髮，帽子也沒戴好，匆匆忙忙地趕去勸阻，也是可以的。但同一鄉鄰內

❹惠子為魏惠王為法。為法已成，以示諸民人，民人皆善之。獻之惠王，惠王善之，以示翟翦。翟翦曰：「善也。」惠王曰：「可行邪？」翟翦曰：「不可。」惠王曰：「善而不可行，何故？」《呂氏春秋・淫辭》

❺翟翦對曰：「今舉大木者，前呼輿謣，後亦應之，此其於舉大木者善矣，豈無鄭、衛之音哉？然不若此其宜也。夫國亦木之大者也。」《呂氏春秋・淫辭》

有人打鬥，披頭散髮，帽子沒戴好，匆匆忙忙地趕去勸阻，就是不明事理了。後者，打架的人和自己的關係不夠親，自己就是關起門來不理，也是可以的。❻

宜不宜，就是要依當時當場的「情」、「形」與「勢」判斷決定！

無意義，則無「所當」

任何作為，都應該有實際的意義，而且要與道、神、聖、賢心性智慧追求的目標有關聯；這是決定所作所為是否得當的一把尺。言不及義，所講的沒一句正經話，好行小慧，喜歡賣弄小聰明，孔老夫子認為這種人，是難以期望他們在進德修業上有所成就的。❼

沒一句正經話、賣弄小聰明，兩者都不違反任何法律，公權力也不禁止，是當今媒體的最愛，也是公眾人物媚俗、迎合民粹最常做的事，然則孔老夫子為什麼要加以批判呢？那是因為言不及義、好行小慧與生命的議題無關，與人生應該追求的目標無涉，是沒有

❻今有同室之人鬭者，救之，雖被髮纓冠而救之，可也。鄉鄰有鬭者，被髮纓冠而往救之，則惑也，雖閉戶可也。《孟子‧離婁下》

❼子曰：「群居終日，言不及義，好行小慧，難矣哉！」《論語‧衛靈公篇》

意義、純粹浪費生命時間的事——也就沒有「所當」的事！

本於同樣的道理，辯說而不符合聖人之道，誠信而不符合人情事理，勇敢而不用在道義上，遵法而不重實際成效，就好像在精神迷亂的狀態下騎乘快馬，在瘋狂狀態下揮舞著「干將」寶劍一樣。如果有誰會造成天下大亂，那一定是上述四種人了！❽

重視辯說，是因為它闡明聖人之道；重視誠信，是因為它遵循人事情理；重視勇敢，是因為它伸張正義；重視守法，是因為它帶來實效。❾

對沒有所當、託名胡來的事，千萬別在上面浪費時間，虛擲生命！所以別講對身心沒有好處的話，別做對身心沒有好處的事，別親近對身心沒有好處的人，別去對身心沒有好處的地方，別看對身心沒有好處的書！❿

無本質，則無依託

此外，任何事，都必須有本質依託，沒有本質，則所有原來應該依附在本質上的，都將隨風而逝，夢幻一場！

❽ 辨而不當論，信而不當理，勇而不當義，法而不當務，惑而乘驥也，狂而操「吳千將」也，大亂天下者，必此四者也。《呂氏春秋・當務》

❾ 所貴辨者，為其由所論也；所貴信者，為其遵所理也；所貴勇者，為其行義也；所貴法者，為其當務也。《呂氏春秋・當務》

❿ 勿吐無益身心之語，勿為無益身心之事，勿近無益身心之人，勿入無益身心之境，勿展無益身心之書。《格言聯璧・持躬》

以古代的國君驅使人民為他效力為例：不肖的國君不懂得掌握使用民力的根本做法，只會徒然不斷增加威懾的力量；結果是威懾愈多，人民愈不為他效力。亡國之君大多只知道增加威懾去使用民力，卻不知道威懾不可以沒有，卻不能單單只依靠威懾。⓫

就如同鹽對食品味道的作用，凡是用鹽，總要依附寄託於食品，如果使用的鹽量不當，食物也會一起敗壞，根本不可食用了！威懾也是一樣，一定要有所依托，才能發揮作用。然而，要依託於什麼呢？要依託於愛和利；只有國君愛護民眾和國君想使民眾獲利的心意被人民知道，威懾才能發揮作用！⓬

任何事，脫離了原來依託的本質，就是不當！

盜亦有道？胡說八道！

行為要得當，除了要有意義、要有本質依托，另一個要素就是循正確的路線。舉例來說，名聲的顯耀是不能強求的，必須經由它必然的途徑，所以要知道某人能不能得到顯耀的名聲，只要檢視他自身是不是具有必備的因素就可以知道答案了。⓭

⓫ 人主之不肖者，有似於此。不得其道，而徒多其威。威愈多，民愈不用。亡國之主，多以多威使其民矣。故威不可無有，而不足專恃。《呂氏春秋・用民》

⓬ 譬之若鹽之於味，凡鹽之用，有所託也，不適則敗託而不可食。威亦然，必有所託，然後可行。惡乎託？託於愛利。愛利之心諭，威乃可行。《呂氏春秋・用民》

⓭ 名號大顯，不可彊求，必繇其道。……君子審在己者而已矣。《呂氏春秋・貴當》

不走正確路線所得到的任何東西，不論是名聲、財富或地位，都是不當得來的！持有的根基不紮實，沒有牢固的本質支撐，即使得到，也是一時僥倖，絕不長久！

跖是古代有名的大盜，他的徒眾問他：「做強盜，也有道義嗎？」跖回答說：「怎麼會沒有道義呢？猜測屋內藏有什麼貴重的物品，能猜中就是『聖』；作案前帶頭先進去，這是『勇』；作案後殿後離開，這是『義』；知道什麼時候是作案最好的時機，這是『智』；贓物平均分配，這是『仁』。不通曉這五件事而能成為大盜，天下從來沒有過！」⓮

「盜亦有道」一詞，因此成為後世做強盜、做小偷、混黑道者琅琅上口、自圓其說的名言。像跖這樣的胡說八道、亂辯一通，經典是加以嚴辭譴責的，評曰：「若是能強辭矯辯到此，那還不如不辯了呢！」⓯

多讀經典，萬無一失

聖、勇、義、智、仁五者，是要有本質依托的。做強盜，本質

⓮ 跖之徒問於跖曰：「盜有道乎？」跖曰：「奚啻其有道也？夫妄意關內，中藏，聖也；入先，勇也；出後，義也；知時，智也；分均，仁也。不通此五者，而能成大盜者，天下無有。」《呂氏春秋・當務》

⓯ ……辨若此不如無辨。《呂氏春秋・當務》

是殺人越貨；對屋內藏有什麼貴重的物品，即使每每猜中，不能稱之為「聖」；作案前帶頭先進去，不能稱之為「勇」；作案後殿後離開，不能稱之為「義」；知道什麼時候是作案最好的時機，不能稱之為「智」；贓物平均分配，也不能稱之為「仁」。盜的本質不合乎道，盜，必然無道！

做人處世要怎樣才能合宜得當，是門艱難大學問，也是一門現代學校教育不教的學問！

「合宜得當」是中華文化為做人所樹立的言行舉止標準；它的論述和典範，廣見於道、神、聖、賢經典之中。要學習如何提升自己的言行舉止，要做到言行舉止合宜得當，最直接、最有效、最萬無一失的方法就是多讀經典，以經典中的教誨做為我們言行舉止的準則。

為人處世，言行舉止要合宜得當，孔老夫子的教誨不可不讀！

第十七篇

常行不休

別人休息，我不休息；別人睡覺，我不睡覺。

成功是需要付出代價的，
要有「衣帶漸寬終不悔」的決心。
「韌性」是所有執行長都具備的人格特質，
做任何事，都要持續不斷、專心一志、
心無旁騖、堅持到底，
勤能補拙，只要加倍努力，終能成其事功。

努力：成功的必要條件

西方人認為：具有韌性是成功者必備的條件。一本西方管理學暢銷書曾列出那些近乎完美執行長所具備的二十二項人格特質，其中一項是幾乎所有執行長都具備的人格特質，那就是韌性。❶

中國人認為：顯赫的事功得以建立，固然是天意；但如果因為這樣，就不謹慎地努力，那事功也不能建立。❷

本書第一篇〈聖貴在功〉曾提到，清末民初的國學大師王國維認為古今成大業、大學問者，必定要經過三種不同的境界。❸其中第二種境界「衣帶漸寬終不悔，為伊消得人憔悴」，就是努力的過程。身處這個過程的人，世界由他身邊過去，他毫不放在心上，不想理會天下人，孤寂無悔；心中只有一件事，手上只做一樁事，就是去實現在第一種境界「昨夜西風凋碧樹，獨上高樓，望盡天涯路」，天下沒人理你淒涼感傷心境下所立下的志向。

立志和努力這兩檔事，從來不是在一夥人喧鬧、嘻嘻哈哈的情境下進行的。不是第一種境界的心境，就不能痛定思痛地立志！不是第二種境界的心境，就不能孤獨、無悔、不息地努力！

【典籍出處】

❶ Tenacious. Keep going until something stops you, then keep going. If there was one quality that nearly 100 percent CEOs have, it is tenacity.——*How To Think Like A CEO*

❷ 功名大立，天也；為是故，因不慎其人不可。《呂氏春秋・慎人》

❸「古今之成大業、大學問者，必經過三種境界：『昨夜西風凋碧樹，獨上高樓，望盡天涯路。』此第一境也。『衣帶漸寬終不悔，為伊消得人憔悴。』此第二境也。『眾裡尋他千百度，驀然回首，那人卻在，燈火闌珊處。』此第三境也。此等語非大詞人不能道。然遽以此意解釋諸詞，恐為晏、歐諸公所不許也。」《人間詞話》

專注持續，心無旁騖

做任何事，非持續不斷、專心一志、心無旁騖，不能成其事功！

要成功，不能一曝十寒。孟老夫子曾說：「別怪那齊王不聰明！雖然有天下最容易生長的東西，但是一天曝曬，卻又十天陰寒，它也不能夠生成長大。我見到齊王的時間很少，而我離開後，那些陰寒齊王的小人又去接近他；我就像是讓齊王冒出了一點芽而已，又有什麼用呢？」❹這段話是成語「一曝十寒」的由來。其實，要想成就任何功業，別說一曝十寒了，就是一曝一寒、甚至十曝一寒都不行！想成功，一定要持續不斷的努力。

要成功，必須專心一志。下圍棋本是小技藝，但如果不專一，也不能學得精通。弈秋是全國最會下棋的人，讓弈秋教兩個人下棋，一人專心一志把弈秋所教的全都記在心中，另一個人雖然也在聽，卻一心以為大雁將要飛來，想用繩子綁在箭上以弓射牠，雖然是和別人一同學習，卻總是比不上人家！❺

❹孟子曰：「無或乎王之不智也！雖有天下易生之物也，一日暴之，十日寒之，未有能生者也。吾見亦罕矣，吾退而寒之者至矣。吾如有萌焉何哉！」《孟子・告子上》

❺今夫弈之為數，小數也；不專心致志，則不得也。弈秋通國之善弈者也。使弈秋誨二人弈，其一人專心致志，惟弈秋之為聽。一人雖聽之，一心以為有鴻鵠將至，思援弓繳而射之，雖與之俱學，弗若之矣。《孟子・告子上》

這是聰明不如別人嗎？當然不是！是因為不能專心一志啊！❻要成功，定要心無旁騖。顏回夫子的「一簞食，一瓢飲」，大家耳熟能詳，宋朝蘇轍曾不解顏回夫子為何要如此自苦，稍稍張羅衣食不也很容易嗎？等到後來自己努力治學時才領悟：書要讀通，必得心無旁騖，當拋下一切其他事務，專心治學時，哪還有什麼閒功夫顧吃什麼、喝什麼呢？❼

而漢朝董仲舒的專心治學，在《漢書》中也有所記載。所謂「三年不窺園」，指的是「雖有園圃，不窺視之，言專學也」，講的就是董仲舒治學的心無旁騖！❽

堅持到底，始終如一

天地所以循環無端，積成萬古者，只是四個字：「無息有漸」。聖人的學習也是一樣，縱使是生而知之的聖人，雖然非常聰明，但是要有所成就，還是離不開這四個字。❾

開始做一件事，要自強不息；即使到了有所成就，也還要至誠無息。能夠這樣，做事才會成功，成果才會永續長久！❿

❻ 為是其智弗若與？曰：非然也。《孟子・告子上》

❼ 子曰：「賢哉，回也！一簞食，一瓢飲，在陋巷，人不堪其憂，回也不改其樂。賢哉，回也！」《論語・雍也篇》

然後知顏子之所以甘心貧賤，不肯求斗升之祿以自給者，良以其害於學故也。蘇轍〈東軒記〉

❽ 董仲舒，廣川人也。少治《春秋》，孝景時為博士。下帷講誦，弟子傳以久次相授業，或莫見其面。蓋三年不窺園，其精如此。進退容止，非禮不行，學士皆師尊之。《漢書・董仲舒傳》

❾ 天地所以循環無端積成萬古者，只是四個字，曰「無息有漸」。聖學亦然，縱使生知之聖，敏則有之矣，離此四字不得。《呻吟語・談道》

❿ 下手處是自強不息，成就處是至誠無息。《呻吟語・談道》

「功虧一簣」來自孔老夫子鼓勵不息的教誨：以堆土為山為例，還差那一簣土，停止不做了，那就是停止了。又以鏟土成為平地為例，只鏟了一簣土，繼續鏟下去，就是成功在望！⓫

孟老夫子也說過類似的話：山上只容得一人徒步的小徑，要是有人常常走過，就會變成一條大路；而若過了一段時間沒有人走，茅草就會塞滿路徑。⓬

要有作為的人，得像掘井一樣；但即使是已經挖掘到九仞深了，還見不到水，若就停止不挖，仍是一口沒有用的廢井。⓭

十九世紀末、二十世紀初著名的帝俄芭蕾舞者安娜・巴甫洛娃（Anna Pavlova）也說：永不停止地向一個目標邁進，就是成功的秘密。（To follow, without halt, one aim: There's the secret of success.）

春秋時代齊國大夫梁丘據對晏子說：「我到死也追不上你啊！」晏子回道：「我聽說，只要不停地做，就可以把事情做成，不停地走，就一定可以走到目的地；我和別人沒有什麼不同，只是做個不停、走個不停罷了，所以別人難以趕得上我。」⓮

晏子太謙虛了，他的「常為不置」、「常行不休」，是一般人做不到的，這是他勝過一般人的地方，也是成就事功最大的原因！

⓫子曰：「譬如為山，未成一簣，止，吾止也。譬如平地，雖覆一簣，進，吾往也。」《論語・子罕篇》

⓬孟子謂高子曰：「山徑之蹊間，介然用之而成路；為間不用，則茅塞之矣。今茅塞子之心矣。」《孟子・盡心下》

⓭孟子曰：「有為者，辟若掘井；掘井九軔而不及泉，猶為棄井也。」《孟子・盡心上》

⓮梁丘據謂晏子曰：「吾至死不及夫子矣。」晏子曰：「嬰聞之，為者常成，行者常至；嬰非有異於人也，常為而不置，常行而不休者，故難及也。」《說苑・建本第三》

人休我不休，愈努力愈好運

要廣博地學習，詳細地審問，慎重地思考，明白地分辨，切實地實踐。不學則已，既然要學，不學到通達曉暢絕不罷手；不求教則已，既然求教，不到徹底明白絕不罷手；不思考則已，既然思考了，不想出一番道理絕不罷手；不分辨則已，既然分辨了，不到徹底明白絕不罷手；不做則已，既然做了，不確實做到圓滿絕不罷手。⓯

人的聰明才智各不同，我的聰明才智縱不如人，別人做一次能做好的，我做一百次總能做好，別人做十次能做好的，我做一千次總能做好。如果能照著這個道理做，雖是最笨的人，也一定能明白事理，雖是最懦弱的人，也一定能堅強起來。⓰

這裡所闡述的道理就是「勤能補拙」！

甯越是戰國時代齊威公的老師，他原本是中牟的鄉野之人，苦於耕種的辛勞，問朋友要怎樣才能免受這樣的痛苦？朋友說：「不如去讀書吧，讀了二十年就可以有所成就了。」甯越說：「那就給我十五年吧。別人休息，我不休息；別人睡覺，我不睡覺。」⓱

⓯ 博學之，審問之，慎思之，明辨之，篤行之。有弗學，學之弗能，弗措也；有弗問，問之弗知，弗措也；有弗思，思之弗得，弗措也；有弗辨，辨之弗明，弗措也；有弗行，行之弗篤，弗措也。《中庸》

⓰ 人一能之己百之，人十能之己千之。果能此道矣，雖愚必明，雖柔必強。《中庸》

⓱ 甯越，中牟鄙人也，苦耕之勞，謂其友曰：「何為而可以免此苦也？」友曰：「莫如學，學二十年則可以達矣。」甯越曰：「請十五歲。人將休，吾將不休；人將臥，吾不敢臥。」《說苑•建本第三》

十五年學成之後，甯越被周威公延請為老師。[18] 甯越有才幹又努力不懈，他能成為諸侯國君的老師，豈不是應該的！[19]

甯越成功的原因很簡單，值得我們學習，那就是「人休，我不休；人臥，我不臥」！

二次世界大戰時的英國首相邱吉爾（Winston Churchill）曾說過這麼一段話：「由一次失敗到另一次失敗，卻不減努力的熱情，這種能力就是成功。」（Success is the ability to go from one failure to another with no loss of enthusiasm.）

不減熱情地持恆努力，不屈不撓，不放棄，就是成功！能夠做到這樣的人，成功一定到手，一定會成功！

美國大發明家愛迪生（Thomas Edison）曾說：「機會常常被大多數人所錯失，因為機會披著一件像是工作的外衣。」（Opportunity is missed by most because it is dressed in overalls and looks like work.）

美國第三任總統傑佛遜（Thomas Jefferson）曾說：「我是非常相信好運的人，而我發現我工作愈努力，我就愈好運。」（I am a great believer in luck and I find the harder I work the more I have of it.）

[18] 十五歲學而周威公師之。《說苑・建本第三》

[19] 今甯越之材而久不止，其為諸侯師，豈不宜哉！《說苑・建本第三》

看似工作、其實是披著外衣的機會；看似工作，其實是好運的化身；只要勤下功夫、不屈不撓、持恆努力，機會、好運、甚至成功的真實面貌都會降臨顯現！

兔不如龜，跛鼈勝六驥

走得快的人，走了兩里就停下來，走得慢的人，走了百里還不停止。⑳

龜兔賽跑的故事，講的就是這樣的教訓：慢慢爬、卻不休息、一直向前走的烏龜贏過跑得快但停了下來、貪睡誤事的兔子！

騏驥良駒，一天可以奔馳千里之遠，劣馬雖差，但跑上個十天，也可以跑完那距離。如果窮極到無窮，追逐無邊的目的，那劣馬跑得折骨斷筋，也終身不可能追上良駒。但如果是有止境、有終點目的者，即使千里之遙，縱使是有慢、有快、有先、有後，誰說劣馬追不上良駒呢？㉑

以求學、做學問而言，如果說我遲遲在後，走在前面的人停下來等我，我就趕快追上去，那麼雖然也有慢、快、先、後之分，但

⑳ 夫走者之速也，而過二里止；步者之遲也，而百里不止。《說苑・建本第三》

㉑ 夫驥一日而千里，駑馬十駕，則亦及之矣。將以窮無窮，逐無極與？其折骨絕筋，終身不可以相及也。將有所止之，則千里雖遠，亦或遲、或速、或先、或後，胡為乎其不可以相及也！《荀子・修身第二》

誰說我不能和前人同樣地到達目的地呢？所以即使是半步半步地走，只要走個不停，跛腳的鼈也可以走上千里；累積沙土，只要不停止，山丘也會成形；一面壓制住水源，一面打開水瀆，雖是大江大河，水也會流盡！[22]

一進一退，一左一右，六匹良駒所拉的馬車也會因為步調不齊而不能到達目的地。人的才性差異，哪有跛鼈和六驥間的差距那麼大？然而跛鼈可以到達目的地，六驥卻做不到，這沒有別的原因，只是持恆地做和斷續不做的分別罷了！[23]

讀了跛鼈和六驥之間的比較，你要做誰呢？若能選擇，我寧可做隻跛鼈，時時以缺點和不足惕厲自己，扮演那屈居下風——Underdog、追趕者——的角色，在不被六驥看好注意下，默默努力，在六驥驕恣放鬆的輕敵狀況下，逆轉達陣！取得勝利！

要先難才能後獲

「先難後獲」是定律，天下萬般好事都必須歷經重重困難才會有所結果，這是任何人要成就功業所必須具備的第一項心理建設。

[22] 故學曰：「遲彼止而待我，我行而就之，則亦或遲、或速、或先、或後，胡為乎其不可以同至也！」故蹞步而不休，跛鼈千里；累土而不輟，丘山崇成。厭其源，開其瀆，江河可竭。《荀子・修身第二》

[23] 一進一退，一左一右，六驥不致。彼人之才性之相縣也，豈若跛鼈之與六驥足哉！然而跛鼈致之，六驥不致，是無他故焉，或為之，或不為爾！《荀子・修身第二》

認清這個定律，從此只顧一路向前行，不論外在環境多麼惡劣，即使千人毀萬人謗也不改初志。一個月這樣，一年也這樣，久久沒結果還是這樣。經年累月下來，事情自然沒有不成的理由！24

萬般先難後獲的事都急不得、快不來！領悟先難後獲的道理，人便能把心定下來，不改初衷，始終如一地向著目標前進；心急求快只會揠苗助長，欲速則不達，是毀掉未來大好結果的敗筆！25

再加一句：要認清楚重重困難是之後有所收穫理所當然的先決條件，因此只顧一路向前，不論外在環境多麼惡劣，也不改變最初心志！從事一件艱難工作時，若能當成目標已經達成，心中想著：「要達到的目標已經達成，這成功的結果已經刻在石版上了，剩下的只是走過困難、吃完苦頭，補完應有的過程罷了！」

能夠這樣想，就可以用樂觀快樂的心境，面對常行不休過程中的各種橫逆，一路邁向目標和成功！

依循正確的方法和方向

努力更要講方法，為之必由其道，一定要依循著正確的方法途

24 先難後獲，此是立德立功第一個主張。若認得先難是了，只一向持循去，任千毀萬謗也莫動心。年如是，月如是，竟無效驗也只如是，久則自無不獲之理。《呻吟語・談道》

25 故工夫循序以進之，效驗從容以俟之。若欲速，便是揠苗者，自是欲速不來。《呻吟語・談道》

徑做。在為某個目標努力這檔事上，最困難的不是常行不休、人休我不休、持恆持續地努力，選擇努力的正確方法和方向才是最困難的！

想成就大事業卻不經一段艱苦的奮鬥過程，這是古今從來沒有的事。這就是賢明國君和不肖國君所以截然不同的原因。賢明國君和不肖國君希望自己名聲顯耀的欲望和常人一樣，包括帝堯這樣的賢君，夏桀、周幽王、周厲王這樣的昏君莫不如此，但他們用來達到目的的方法則全然不同。㉖

賢明國君遇事總是先加審察，審察的結果認為不能做就不做，認為能做就做；做的時候，依循著一定的方向途徑，所以外物不能妨害，這就是他們的功業超過不肖國君千倍萬倍的原因。㉗

努力更要講求方向。就像速率和速度是兩件不同的事；速率沒有方向之分，速度則有特定的方向。就努力而言，有人以善為目的而努力，也有人以利為目的而努力，更有人以惡為目的而努力。師法帝舜的人，每天雞鳴就起，努力為善；師法大盜蹠的人，也是每天雞鳴就起，為追逐私利而努力不懈。㉘

為了世界整體著想，我們寧可那些像盜蹠一樣為私利而努力的

㉖ 霸王有不先耕而成霸王者，古今無有。此賢者不肖之所以殊也。賢不肖之所欲與人同，堯、桀、幽、厲皆然，所以為之異。《呂氏春秋・貴當》

㉗ 故賢主察之，以為不可，弗為；以為可，故為之。為之必繇其道，物莫之能害，此功之所以相萬也。《呂氏春秋・貴當》

㉘ 孟子曰：「雞鳴而起，孳孳為善者，舜之徒也；雞鳴而起，孳孳為利者，蹠之徒也。欲知舜與蹠之分，無他，利與善之間也。」《孟子・盡心上》

人懶一點，別那麼努力！他們懶一點，少努力一點，世界上對利益的競逐就會少一些！

把握當下，趁早開始

人的任何成果，都是以血汗為經，以時間為緯，一針一線編織出來的。古人有「三年有成」的說法，就是強調任何事都必須經過長時間的努力才能有所成果。㉙

既然長時間的努力是有所成果的必要條件，捨它不成，沒有例外，則什麼時候才能看到努力的成果，結論就呼之欲出了：早開始努力，早看到成果，晚開始努力，晚看到成果！

這個結論配上《小窗幽記・集素篇》所言，道出了「人生無常，生命短暫」的真相：

人生自古七十少，前除幼年後除老。中間光景不多時，又有陰晴與煩惱。到了中秋月倍明，到了清明花更好。花前月下得高歌，急須漫把金樽倒。世上財多賺不盡，朝裡官多做不了。官

㉙子曰：「苟有用我者，朞月而已可也；三年有成。」《論語・子路篇》

大錢多身轉勞，落得自家頭白早。請君細看眼前人，年年一分埋青草。草裡多多少少墳，一年一半無人掃。

不論做什麼，都把握當下，選擇正確的方向，採用正確的方法，做隻跛鼈，趁早開始努力吧！

成功的原因很簡單：人休，我不休；人臥，我不臥！

第十八篇

抱道待時

人生成敗，都在得時、當運、有命。

人如果不能得時，好勇、愛拚、善謀都不足以取勝。

得時的關鍵在於「抱道以待其時」，

它是廣博、積極、動態的，是耐心加努力的展現。

能夠做到這一點，當時機來臨的時候，

便能抓住契機，施展抱負，飛黃騰達！

不得時無法成功

隨著年齡的增長和人生閱歷的豐富，人會發現：許多小時候被教導的觀念，竟然都和現實有段落差。成長過程中被教導：只要努力以赴，就會有想要的結果；社會上喧囂高唱：愛拚就會贏，不退縮、不讓步就能贏；有了年紀後才發現：好勇、愛拚、善謀都不是成功的充分條件，甚至於還不是成功的必要條件！

歷史上以足智多謀著稱的諸葛亮，在他所寫的兵書《將苑》中，告誡身為將帥的人一定要順天、因時、依人，才能取得勝利；得了天、得了人，卻沒有得時，稱為逆時；得了時、得了人，卻沒有得天，稱為逆天；得了天、得了時，卻沒有得人，稱為逆人；而有智慧的兵家會做到「三不」：不逆天，不逆時，不逆人。❶

得天、得時、得人，三者兼得，是戰爭中打敗敵人，或是在人生中任何事情上獲得成功的充分條件。而「天」會隨時間而變，「人」也會隨時間而變；如果把「天」和「人」都納入一個比較廣義的「時」，我們或許可以簡化地說的：宇宙之間，如果真有一個條件可以單獨地造就成功，稱得上是成功的充分條件，應該只有

【典籍出處】

❶夫為將之道，必順天、因時、依人以立勝也。故天作、時不作而人作，是謂逆時；時作、天不作而人作，是謂逆天；天作、時作而人不作，是謂逆人。智者不逆天，亦不逆時，亦不逆人也。《將苑・智用第十四》

「得時」這個條件了！

人如果不能得時，勇氣、愛拚、善謀都是白忙一場！不得時，不能成功！

天時非一己可以創造

兵法中對「天」字有所說明，指的是晝夜、晴雨、晦明、四季寒暑、時間的限制和孕育。「天」是人所不能主宰的事。❷

兵法中對「天時」也有說明，論述善用天時的用兵之道，以天時之名，稱為「天戰」。

凡要發動軍隊、動員群眾，討伐有罪、拯救人民，一定要順應天時。所謂的天時，就是敵國國君昏庸、朝政混亂、軍隊驕恣、人民困頓、放逐賢人、誅殺無辜、發生旱災、蝗災冰雹。只要敵國發生了這些狀況之一，發兵攻打，沒有不得到勝利的！所以兵法說：「順應天時，就能夠掌控征討的好結果。」❸

因此，「天時」是能夠造就成功結果的有利外在環境，具有邁向成功的態勢和動能，不是一己可以創造，而是許多因素共同孕育

❷ 天者，陰陽、寒暑、時制也。《孫子兵法・始計第一》

❸ 凡欲興師動眾，伐罪弔民，必在天時，非孤虛向背也。乃君暗政亂，兵驕民困，放逐賢人，誅殺無辜，旱蝗冰雹，敵國有此，舉兵攻之，無有不勝。法曰：「順天時而制征討。」《百戰奇略・天戰第八十五》

生成的，包括了「天」所代表、人所不能主宰的晝夜、晴雨、晦明、四季寒暑、時間的限制和孕育。天在天時之內！

若要找個其他名稱來描述「天時」所指的有利外在環境，應該可以馬上把它和「時」、「時機」劃上等號。帶來成功結果的「時」、「時機」，神奇奧妙，得天所助，為天所賜，故稱「天時」！

「得時」就是幸運遇上對自己有利的「天時」！

耐心以待天時

「時」與「天時」這種非一己所能造就掌控的特性，反映在人倒楣時，常常自怨自艾，嘆生不逢時！

《詩經・大雅》是朝會之樂，渾厚大淳；〈桑柔〉是感嘆政昏臣邪，是非顛倒，民風敗壞的詩。其中就提到生不逢時：憂心慇慇，思念我的家鄉。感嘆自己生辰不好，碰到老天爺盛怒，從西到東，沒有安定的地方。感嘆自己遭遇的苦難太多，邊境上紛擾的問題也太多了！❹

害怕生不逢時，祈求得到天時，可不是平凡人的專利！升斗小

❹憂心慇慇，念我土宇。我生不辰，逢天僤怒。自西徂東，靡所定處。多我覯痻，孔棘我圉。《詩經・大雅・桑柔》

民如此，國君、老闆、大腕、A咖所涉的得失更大，更是如此！

但感嘆生不逢時的人，不必悲傷，也不要悲觀！三十年河東，三十年河西，風水輪流轉，時會變的！事情具有同樣的因素，結果局勢卻迴然不同，這不是事情詭異，只是時間不同罷了！❺

熬過讓你感到生不逢時的艱困時期，時間不同，就可能有迴然不同的局勢；關鍵就在耐心等到對你有利的天時。

得時，而後成

一、及時就是得時

古時候的農業社會，莊稼要有所收成，辛苦的汗水不要白流，就要有雨水適時的灌溉，而久旱之後終於盼到的雨水，稱之為「及時雨」。

施恩予人，給予援手，多少不是重點，在受者最極切需要的時候給予才是重點；在人最迫切需要的時候施予壺漿，往往得到受者為你賣命的回報。❻

條件及時生成，就是得時！

❺ 夫事有趨同而勢異者，非事詭也，時之變耳。《反經・時宜二十一》

❻ 恩不論多寡，當厄的壺漿，得死力之酬。《小窗幽記・集醒篇》

二、立功成名首在得時

莊稼得雨、施恩救援如此，治國平天下也是如此。萬分理性、講求效果的法家韓非就認為：任何聖明的國君要立功成名，有四個條件，而第一個——想必也是最重要的一個——就是天時。❼

天時為什麼重要？天時有多重要？韓非拿稻穀的成長收成做為例子：不順著天時，即使有十個帝堯，也不能讓稻穀在冬天生出一顆稻穗；得到天時，則不需耕作，穀物自然就會生長。❽

我們的老祖宗早就知時，知道天時的重要了！

三、善謀不如當時

《管子》有〈霸言第二十三〉一篇，闡述成就霸王功業之道在於善用權謀，而權謀所該考量的各種因素中，非常重要的一個，就是時。

聖人可以相時而動，但不能違逆時機；智者雖然善謀，還不如適時而動；精察時機的人，費時少而成功多。謀劃無主見，便會陷入困頓，事情沒準備，便廢棄無功。❾

❼ 明君之所以立功成名者四：一曰天時，二曰人心，三曰技能，四曰勢位。《韓非子・功名》

❽ 非天時，雖十堯不能冬生一穗……故得天時則不務而自生。《韓非子・功名》

❾ 聖人能輔時，不能違時。知者善謀，不如當時。精時者，日少而功多。夫謀無主則困，事無備則廢。《管子・霸言第二十三》

四、性得時而後能明

人躲不過時，躲不過大環境的衝擊和影響！

歷陽城因為地震，一個晚上就水淹變成湖泊，發生了這種事，不論是勇猛有力的人、無所不知的聰明人，或是疲弱膽怯的人和不肖的人，大家都遭遇到同樣的命運，沒有絲毫不同；在巫山上，順著風縱把火，膏夏紫芝等大樹和蕭艾等小草一起都被燒死，也沒有任何不同。所以，黃河裡的魚視力不會很好，稚嫩的禾苗被霜打死，不能生長，都是生長環境造成的。❿

所以，天下太平時，即使是愚蠢的國君，也不能一個人就把國家搞亂；天下混亂時，就算是有智慧的國君，也不能一個人就把國家搞好。身處混濁的世代，卻責怪大道不能行於天下，就好像用繩索雙雙絆住騏驥良駒的腳，卻還要求牠們日行千里一樣。把猿猴關在柵檻之中，牠們就和豬豚一樣，不是猿猴不機巧敏捷，而是所處的環境不讓牠們盡情施展啊！⓫

帝舜在耕種和製作瓦器時，就連為鄉里帶來好處都做不到；等到他南面而王登上天子之位，就能廣施恩德給四海的人民。這並不是他的仁德在成為天子之後有所增加，而是他成為天子之後，所處

❿ 夫歷陽之都，一夕反而為湖，勇力聖知與罷怯不肖者同命；巫山之上，順風縱火，膏夏紫芝與蕭艾俱死。故河魚不得明目，稺稼不得育時，其所生者然也。《淮南子‧俶真》

⓫ 故世治則愚者不能獨亂，世亂則智者不能獨治。身蹈於濁世之中，而責道之不行也，是猶兩絆騏驥，而求其致千里也。置猨檻中，則與豚同，非不巧捷也，無所肆其能也。《淮南子‧俶真》

的地位形勢便於他施恩給天下啊！⑫

古代的聖人，和柔、愉悅、安寧、清靜，這是他的本性；他的理想能夠實現，大道能夠推行，是命所決定的。所以，性遇到相輔相成的命，然後能實現理想；命得到相輔相成的性，然後能實現而彰顯大道。以烏號良木做的弓、谿子國所製的弩，不能沒有弦就把箭射出去；越國的小船、蜀地的獨木舟，不能沒有水而飄浮起來。現在繫有絲繩射鳥的箭矢正要往上射，網子又張在下面，鳥兒即使想飛，所處的形勢又怎麼能允許牠做到呢？⑬

一點不錯！一個人必須身處在適合他一展才能的世代，才能成就功業！性遭命而後能行，命得性而後能明；命，不過就是時罷了！

難易不在小大，在知不知時

聖人的行事，看起來緩，心志卻是急於求成的，過程看來很慢，實際上卻是很快的，那是因為他善於等待正確的時機。⑭

周文王的父親王季歷困辱而死，文王為此非常痛苦，又忘不了

⑫舜之耕陶也，不能利其里；南面王，則德施乎四海。仁非能益也，處便而勢利也。《淮南子・俶真》

⑬古之聖人，其和愉寧靜，性也；其志得道行，命也。是故性遭命而後能行，命得性而後能明，烏號之弓、谿子之弩，不能無弦而射；越舲蜀艇，不能無水而浮。今矰繳機而在上，罟張而在下，雖欲翱翔，其勢焉得？《淮南子・俶真》

⑭聖人之於事，似緩而急、似遲而速以待時。《呂氏春秋・首時》

自己被紂王關在羑里的恥辱，他之所以沒有出兵伐紂，是因為時機未到！武王侍奉紂王，從早到晚不敢懈怠，但也忘不了被紂王關在玉門的恥辱。武王繼位的第十二年，終於在甲子這一天大敗紂王的軍隊，消滅了商紂，這說明得到時機是多麼不容易！姜太公是東夷的賢士，想平定天下，卻沒能遇到賢明的國君，聽說了文王的賢德，所以在渭水邊垂釣，以觀察文王的品德。⓯

聖人對時機的掌握，就如同腳步和它的影子一樣不可分離。所以有道之士在沒有遇到時機時，就隱匿潛藏分散在各地，勤奮修練本領，以等待時機的到來。當時機來到，有的人從平民一躍而成為天子，有的從諸侯而得到天下，有的從卑賤的地位而輔佐天子，有的從原來一介武夫，因為效命於知遇之主，而得以向萬乘之王復仇。因此，聖人最看重的，唯有時機！⓰

水還結冰時，后稷不會去耕種，他的耕種一定等到春天來臨。所以，人即使有足夠的智慧，但沒有遇到時機，也不能建立事功。正像樹葉茂盛時，終日摘取也不覺得葉子減少；而秋天一降霜，即使沒人摘取，樹葉也掉光了。所以事情的難易不在事的大小，關鍵在於知道掌握時機。⓱

⓯王季歷困而死，文王苦之，有不忘羑里之醜，時未可也。武王事之，夙夜不懈，亦不忘王門之辱，立十二年，而成甲子之事。時固不易得。太公望，東夷之士也，欲定一世而無其主，聞文王賢，故釣於渭以觀之。《呂氏春秋・首時》

⓰聖人之見時，若步之與影不可離。故有道之士未遇時，隱匿分竄，勤以待時。時至，有從布衣而為天子者，有從千乘而得天下者，有從卑賤而佐三王者，有從匹夫而報萬乘者，故聖人之所貴唯時也。《呂氏春秋・首時》

⓱水凍方固，后稷不種，后稷之種必待春，故人雖智而不遇時無功。方葉之茂美，終日采之而不知，秋霜既下，眾林皆贏。事之難易，不在小大，務在知時。《呂氏春秋・首時》

《呂氏春秋・首時》一篇又名作《呂氏春秋・胥時》，舉了不少例子，而不論「首時」——所貴為時，或是「胥時」——等待時機，都在說明時的重要！

得時功倍，失時無功

要成功，努力所累積的效果和能量，必須超過成功所需要的門檻。得時的好處在於：它要不是增加了努力所累積的效果和能量，就是降低了成功所需要的門檻——兩者中的任一條路都使得成功比較容易達成！

孟老夫子在與弟子公孫丑對話時，提出「時」的重要，引用了齊國人的說法：「做事時，雖有智慧，但不如借重有利的局勢；務農時，雖然有鋤頭等工具，還不如等待適於耕種的時節。」⓲

孟老夫子認為在戰國時代那個交相爭利、戰爭頻繁、人民生活水深火熱的時代，如果有萬乘之國的國君能夠施行仁政，必會得到天下人民的喜悅、愛戴和歸順，就像是把倒懸的人解救下來得到感激一樣。做事情、出力只要古人的一半，功效卻必定是古人的一

⓲齊人有言曰：「雖有智慧，不如乘勢；雖有鎡基，不如待時。」今時則易然也。《孟子・公孫丑上》

倍，這只有在人民渴望王者興起時才是如此；這就是「時」的重要：得時，可以事半功倍，失時，必會徒勞無功！[19]

抱道以待其時

《黃石公素書》是漢初三傑中的張良，在刺殺秦始皇失敗後躲避追捕的日子裡，在圯橋遇到黃石公，通過黃石公對他心性的考驗，被賜贈的書籍。這本只一千三百餘字、薄薄的一本書，是張良之所以能輔佐劉邦在楚漢相爭中贏得勝利、建立大漢帝國的心性智慧來源，而「抱道以待其時」就是其中重要的核心思想。

知道了天時的重要，又怎樣？知道了天時的重要，接著就該看看天時是不是站在自己這一邊。如果有可以趁勢而起的契機，就該當機立斷，放膽放手去做想做的事，成功有望！而如果天時不在自己這一邊，無勢可供借力使力，則「抱道以待其時」的重要心性智慧就派上用場了！

有智慧的人和君子，明白國家強盛衰亡的根由，通曉盤算功業成功失敗的機會；審慎考量天下平治混亂的態勢，理出選擇出世或

[19] 當今之時，萬乘之國行仁政，民之悅之，猶解倒懸也。故事半古之人，功必倍之，惟此時為然。《孟子・公孫丑上》

退隱的理由。所以他們經營人生的策略是：在時機沒成熟時，潛居起來，持守著大道，以等待他們可以成功的時機來到。[20]

能夠做到「抱道以待其時」的人，當時機來臨時，施展抱負，可以飛黃騰達，登上一人之下、萬人之上的高位；抓住契機採取行動，可以建立前無古人、後無來者的絕代奇功。而如果終究天不從人願，沒有遇到可以乘勢而起的時機，也就這樣過了一生。只是這樣的人，他的道行夠高，名聲一直會流傳到後代，為人所景仰！[21]

特別要提出來的是，別為了「如其不遇，沒身而已」的說法而氣餒！老天爺有眼，風水輪流轉，一個人每十年總會行次大運；只要做到抱道以待其時，成就功業的有利時機總是會來的！

廣博、積極、動態的作爲

由字面上看得出，抱道以待其時是一項需要耐心的智慧修練。字面上容易忽略的是，抱道以待其時不是啥事都不做，不是消極地虛度光陰、放牛吃草、枯等那「時」的從天而降！它其實是廣博、積極、動態的，是耐心加努力的展現！

[20] 賢人君子，明於盛衰之道，通乎成敗之數，審乎治亂之勢，達乎去就之理。故潛居抱道以待其時。《黃石公素書‧原始章第一》

[21] 若時至而行，則能極人臣之位；得機而動，則能成絕代之功。如其不遇，沒身而已。是以其道足高，而名重於後代。《黃石公素書‧原始章第一》

聖明的國君務求準備充分，再慎重把握時機。以充分的準備等待時機的來到，再依據時機辦事，時機一到而乘勢起兵。[22]

「抱道以待其時」的人，在等待時，除了還沒浮出檯面、吹起攻擊的號角、做一心想做的大事外，所有的時間精神都應該用在準備的功夫上（第八篇〈不豫則廢〉），鴨子划水、勤練功夫、備齊攻擊號角響起後克敵致勝的條件！別被「抱道」這看似兩手抱在胸前、非常靜態的詞彙所惑！抱道——擁抱大道的精義內涵，是最廣博、最積極、最動態不過的作為了！

以張良為例，若非在遇到劉邦之前——在他「抱道以待其時」的時候——把整本《黃石公素書》讀了個滾瓜爛熟、融滙貫通，又豈能在楚漢相爭的幾個關鍵時刻，以《黃石公素書》中的心性智慧，對劉邦適時提出高明正確的建議，避免了失誤和失敗，爭取到勝利的契機和成功，進而輔佐劉邦建立了大漢帝國？

能造就成功的有利外在環境

講到天時，就不能不想到孟老夫子所講的：「天時不如地利，

[22] 是以聖王務具其備，而慎守其時。以備待時，以時興事，時至而舉兵。《管子・霸言第二十三》

地利不如人和」。這和本篇所闡述「天時」的奇妙重要，有所衝突嗎？[23]

孟老夫子所講的天時，和本篇所講的「時」、「天時」不盡相同。本篇的時、天時是廣義的、是能造就成功結果的有利外在環境、是《百戰奇略・天戰第八十五》中所指的天時，包括會隨時間而改變的天，也包括會隨時間而改變的人。孟老夫子所講的天時，可能比《孫子兵法・始計第一》中所指的天廣闊了點，卻既不包括地利也不包括人和，範圍是相對局限的。

《孟子》所云「天時不如地利，地利不如人和」，和本篇所講「天時」的奇妙重要，並不衝突。

得時、當運、有命

人在時運不濟、尚未得時的時候，要不為艱困的際遇所擊倒，定下心抱道以待其時，勤練道、神、聖、賢傳世的功夫。人在時來運轉、要什麼有什麼的時候，更不應該被順利成功沖昏了頭，要領悟任何成功都是由時而來，可不是自己有什麼了不起！

[23] 孟子曰：「天時不如地利，地利不如人和。三里之城，七里之郭，環而攻之而不勝；夫環而攻之，必有得天時者矣；然而不勝者，是天時不如地利也。城非不高也，池非不深也，兵革非不堅利也，米粟非不多也；委而去之，是地利不如人和也。故曰：域民不以封疆之界，固國不以山谿之險，威天下不以兵革之利。得道者多助，失道者寡助。寡助之至，親戚畔之；多助之至，天下順之。以天下之所順，攻親戚之所畔；故君子有不戰，戰必勝矣！」《孟子・公孫丑下》

這個道理，沒有誰比在宋朝時三次拜相的呂蒙正領悟得更透徹了！他寫了一篇〈破窯賦〉，一則勉勵那些窮途末路、潦倒不堪的失意人，再者也警惕那些飛黃騰達、意氣奮發的得意人！

蛟龍沒有遇到牠的時，只能潛身在平凡的魚蝦之間；君子失去了時，只有在小人鼻息下討生活。天不得時，日月無光；地不得時，草木不長；水不得時，風浪不平；人不得時，利運不通。萬物的成就都靠得時，萬物的失敗都在失時！❷❹

呂蒙正年少在洛陽時，窮困異常，白天投靠僧院唸書，夜間睡在寒冷的破窯裡，布衣不能遮體，淡粥無法充饑；位高者憎惡他，下人也討厭他，都說呂蒙正是個下賤的人！呂蒙正感嘆道：「這不是我天生下賤啊！這是時也！運也！命也！」❷❺

等到呂蒙正及第登科考上狀元，一路升官升到極品，位列三公，有可以鞭撻百官的權杖，有斬誅鄙吝的尚方寶劍；出門有壯士執鞭駕車，入則佳人捧秧；穿的是綾羅錦緞，吃的是山珍海味，上位的人寵愛他，下人也擁戴他，人人都仰慕呂蒙正，都讚美他尊貴！呂蒙正感嘆地說：「這不是我天生尊貴啊！這是時也！運也！命也！」❷❻

❷❹ 蛟龍未遇，潛身於魚蝦之間；君子失時，拱手於小人之下。天不得時，日月無光；地不得時，草木不長；水不得時，風浪不平；人不得時，利運不通。〈破窯賦〉

❷❺ 昔時也，余在洛陽。日投僧院，夜宿寒窯，布衣不能遮其體，淡粥不能充其饑；上人憎，下人厭，皆言余之賤也！余曰：非吾賤也，乃時也！運也！命也！〈破窯賦〉

❷❻ 余及第登科，官至極品，位列三公，有鞋百僚之杖，有斬鄙吝之劍；出則壯士執鞭，入則佳人捧秧；思衣則有綾羅錦緞，思食則有山珍海味，上人寵，下人擁，人皆仰慕，言余之貴也！余曰：非吾貴也，乃時也！運也！命也！〈破窯賦〉

人生成敗，都在得時、當運、有命。失意的人，別氣餒，抱道以待其時就好！成功的人，別得意，也要抱道以用其時、以享其時才好！

索引

當孔子遇上哈佛

首部曲：志業職場

作者：李克明
主編：曾淑正
特約編輯：陳錦輝
封面設計：陳奉懌
企劃：叢昌瑜

發行人：王榮文
出版發行：遠流出版事業股份有限公司
地址：台北市南昌路二段八十一號六樓
郵撥：0189456-1
電話：（02）23926899
傳真：（02）23926658

著作權顧問：蕭雄淋律師
二〇一三年四月一日　初版一刷
二〇一六年五月十六日　初版三刷
售價：新台幣三八〇元

ISBN 978-957-32-7158-1（平裝）

YLib 遠流博識網 http://www.ylib.com
E-mail: ylib@ylib.com

無形資產構思：久曜國際資產管理股份有限公司
「李克明的經典世界」網站：http://www.intodragonsmind.com
「當孔子遇上哈佛」粉絲團：https://www.facebook.com/Origineducation

國家圖書館出版品預行編目資料

當孔子遇上哈佛．首部曲，志業職場
／李克明著．-- 初版．-- 臺北市：
遠流，2013.04
面；　公分
ISBN 978-957-32-7158-1（平裝）．

1. 人生哲學　2. 職場

191.9　　102003750